Hartmut Ronge

Unnützes Wissen
Natur und Schöpfung

AF178505

Bibliografische Information der Deutschen Nationalbibliothek:
Die Deutsche Nationalbibliothek verzeichnet diese Publikation in der Deutschen
Nationalbibliografie; detaillierte bibliografische Daten sind im Internet über
http://dnb.d-nb.de abrufbar.

Klimaneutrale Produktion.
Gedruckt auf umweltfreundlichem, chlorfrei gebleichtem Papier.

Umschlaggestaltung: Weiss Werkstatt München, werkstattmuenchen.com
Umschlagillustrationen: © Shutterstock.com: kaiwut niponkaew; Nata_Alhontess; Irina
Trusova; Egor Zakharovw; Channarong Pherngjanda; vectortatu.
Innenillustration: © shutterstock.com: Bodor Tivadar; AdobeStock.com: aksol, Oleksandr
Pokusai, Turaev, Qualit Design, Ida, toricheks, marinavorona, Andrii_Oliinyk, sket-
ched-graphics, mashikomo, Maria.Epine, yanushkov, Elen Lane, SpicyTruffel, kokoshka,
Наталья Долгова
Satz: Bonifatius GmbH, Paderborn
Druck und Bindung: CPI books GmbH, Leck
Printed in Germany

ISBN 978-3-398790-056-3

Weitere Informationen zum Verlag:
www.bonifatius-verlag.de

Hartmut Ronge

UNNÜTZES WISSEN

NATUR UND SCHÖPFUNG

Verblüffende Fakten zum Schmunzeln, Staunen und Schmökern

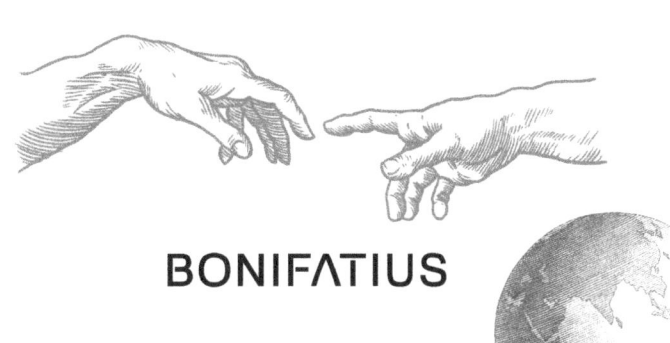

BONIFATIUS

Für Susanne,
meine große Liebe

Gott hat das Versprechen der Auferstehung
nicht nur in Bücher geschrieben,
sondern auf jedes grüne Blatt im Frühling.

Martin Luther

Hartmut Ronge ist vielseitiger Autor im Bereich Sachbuch, Humor, Satire und Mundart – und schreibt unter Pseudonym für unterschiedliche Verlage. Seit Jahren sammelt er spannende Infos, originelle Themen, Zitate und unnützes Wissen rund ums Thema Natur und Leben, Umwelt und Schöpfung. In diesem Buch hat er die interessantesten Fakten zusammengestellt. Hartmut Ronge hat zwei Kinder, lebt in Stuttgart und lässt sich schon seit Jahren zum 38. Geburtstag gratulieren – das hält jung. Er wurde wegen besonderer Verdienste zu Hause u. a. mehrfach mit dem goldenen Spülmaschineneinräumpreis ausgezeichnet.

Das Leben ist schön. Und geheimnisvoll. Es gibt unendlich viel zu entdecken. Die Schöpfung ist einfach unglaublich und absolut großartig. Sie lässt einen nicht nur staunen, sondern sie macht neugierig und regt auch immer wieder zum Nachdenken an.

Im Buch findet man dazu von allem etwas: Kreatives und Spannendes, Besonderheiten und Rekorde, Humorvolles und Überraschendes. Unsere Welt hat so viel zu bieten – vom kleinsten Element bis zum größten Lebewesen, von den Naturgesetzen und physikalischen Phänomenen bis hin zu unerklärlichen Rätseln und unglaublichen Tatsachen.

Hier gibt es seitenweise bekannte und verblüffende Fakten sowie viel Wissenswertes und Geheimnisvolles rund ums Thema Natur und Schöpfung – verständlich und kurzweilig präsentiert. Wie sagte schon Pippi Langstrumpf: Es gibt so viele schöne Dinge auf dieser Welt – und es ist wirklich jemand nötig, der sie findet! In diesem Sinne heißt es das Wunder des Lebens zu entdecken und zu genießen – jeden Tag aufs Neue. Und sich immer wieder überraschen zu lassen von der großen Vielfalt, vom atemberaubenden Spektrum der Arten, von Gottes grandioser Schöpfung. Gehen Sie mit auf Entdeckungsreise.

Viel Spaß beim Schmökern, Schmunzeln und Staunen.

Stau I nen, das

Eine nachhaltig auftretende Verwunderung – ein unerwarteter Zustand beim Sehen, Erkennen oder Erleben von etwas ganz Besonderem, von unbekanntem Schönem, Kleinem oder Großem. Gläubiges Staunen oder auch ungläubiges Staunen erzeugt oft eine innere Anspannung, die in vielen Fällen in einer inneren Auseinandersetzung mit einer Sache mündet. Man will das Unerwartete besser verstehen und hinterfragen und begegnet dem Ganzen entweder mit Bewunderung und Respekt oder mit Befremden und Irritation. Meist siegt die Neugier. Und wie sagte es schon der Kirchenlehrer Thomas von Aquin (1224–1274): „Das Staunen ist eine Sehnsucht nach Wissen."

Ganz schön knackig!

Nach sieben Jahren tragen Apfelbäume zum ersten Mal Früchte – sie können bis zu 100 Jahre alt werden. Ein Apfel besteht zu 85 Prozent aus Wasser – die restlichen 15 Prozent sind Eiweiß, Kohlenhydrate, Fett, Mineralstoffe und Vitamine.

»Blumen sind das Lächeln der Erde.«
Ralph Waldo Emerson
(amerik. Philosoph, 1803–1882)

Eine Preisung der Schöpfung

Mehr als die Hälfte des Vatikans besteht aus Natur – in den Vatikanischen Gärten gibt es Pflanzen aus aller Welt – dazu Kiefern, Palmen, Pinien, Steineichen, Zedern und Zypressen. Und mit wild lebenden Eichhörnchen, Eidechsen, Fledermäusen, Hamstern, Kaninchen, Mäusen, Papageien, Schlangen und Sittichen geht es durchaus tierisch zu.

Die Größe der Gärten beträgt ungefähr 20 Hektar; es gibt einen Nutzgarten des Papstes mit entsprechend angelegten Beeten, aber auch kleine Parks – einen amerikanischen Garten, einen englischen Garten, einen französischen Garten und einen italienischen Garten.

Schon gewusst?

Etwa zwei Drittel der weltweit bekannten Tier- und Pflanzenarten leben im Wald. Wälder sind somit die artenreichsten Lebensräume auf unserer Erde.

Komm, gib mir Tiernamen ...

Manche Lebewesen sind so außergewöhnlich, sie fallen entweder durch ihr Erscheinungsbild ins Auge oder durch ihr Verhalten. Deshalb haben einige auch ganz besondere Namen erhalten; manche Bezeichnungen sind durchaus kreativ und humorvoll:

• Der „Lachende Hans" beispielsweise lebt in Australien und gehört zur Familie der Eisvögel. Mit lauten Rufen „Kukukukakaka" markiert er sein Revier und erinnert an das laute Lachen von Menschen.

• Der „Schokoladen-Fruchtzwerg" ist kein leckerer Nachtisch, sondern eine Fledermaus – ein kleiner braun-schwarzer Feinschmecker aus der Familie der Fruchtvampire. Wie der zweite Namensteil andeutet, frisst er am liebsten Obst, kleine Früchte wie beispielsweise Feigen.

• Der größte an Land lebende Krebs der Welt heißt „Palmendieb" – und weil er problemlos eine Kokosnuss knacken kann, wird er auch Kokosnussräuber genannt. Er kommt vor allem auf der Weihnachtsinsel vor.

• Die in den tropischen Regenwäldern Südostasiens beheimatete „Wandelnde Geige" zählt zu den Fangschrecken und sieht aus wie ein Musikinstrument.

• Der „Kaiserschnurrbarttamarin" erinnert optisch an den letzten deutschen Kaiser Wilhelm II.

• Der kleine „Krallenaffe" erhielt seinen Namen wegen seiner imposanten Gesichtsbehaarung; er lebt in den Regenwäldern des südlichen Amazonasbeckens.

• „Prinzessin von Burundi" wird ein grazilar Gabelschwanzbuntbarsch genannt, der ausschließlich im ostafrikanischen Tanganjikasee vorkommt und mit seinem edlen Aussehen punktet. Ihre Majestät ist auch ein sehr beliebter Aquariumsfisch.

Himmel un Ääd

Damit wir auf der Erde leben können, müssen verschiedenste Bedingungen gleichzeitig erfüllt und optimal aufeinander abgestimmt sein. Unser Planet hat beispielsweise den richtigen Abstand zur Sonne – so ist es nicht zu heiß und nicht zu kalt. Es gibt nicht nur die optimale Zusammensetzung der Atmosphäre mit der passenden Dichte, sondern auch eine entsprechende Ozonschicht, die richtige Neigung der Drehachse und das optimale Magnetfeld. Auf der Erde gibt es ausreichend Sauerstoff und Wasser und unser Planet hat auch einen Mond mit der perfekten Größe.

Auf der Suche nach Leben im Weltall auf einem anderen Planeten in unserer Milchstraße oder in einer anderen Galaxie, müsste all dies zusammenpassen. Unsere Erde ist schon absolut einzigartig.

> »*Entspanne dich. Lass das Steuer los.*
> *Trudle durch die Welt. Sie ist so schön.*«
> Kurt Tucholsky
> (dt. Schriftsteller, 1890–1935)

Da kannste mal Seen …

In Kanada gibt es mehr als drei Millionen Seen; dadurch hat das mit fast 10.000.000 Quadratkilometern (10 Millionen) zweitgrößte Land der Erde das weltweit größte flüssige Süßwasserreservoir.

Spinnst du?

Spinnen sind keine Insekten, sondern sie gehören zur Gattung der Spinnentiere – wie beispielsweise auch Milben, Skorpione, Weberknechte und Zecken. Insekten haben einen dreigliedrigen Körper, sechs Beine und können auch Flügel entwickeln. Spinnen jedoch sind zweigliedrig, flügellos und erkunden auf acht Beinen die Welt. Sie bewegen sich nicht mithilfe von Muskeln, sondern über den Blutdruck. Wenn Spinnen sterben, ist kein Blutdruck mehr da und deshalb klappen dann die Beine an den Körper. Ihr Herz befindet sich tatsächlich im Hinterleib – wer hätte das gedacht.

Rund 60 Spinnenarten leben übrigens streng vegetarisch; unter anderem sind verschiedene Gräser, Blätter, Pollen und Samen ihre Leibspeise.

Zur Sprache gebracht

Natur heißt auf:
  Afrikaans – „Aard"
  Chinesisch – „Zirán"
  Estnisch – „Loodus"
  Finnisch – „Luonto"
  Griechisch – „Fýsi"
  Haitianisch „Lanati"
  Indonesisch – „Alam"
  Japanisch – „Shizen"
  Koreanisch – „Jayeon"
  Kroatisch – „Priroda"

Mit Haut und Haaren

Die Haut ist mit rund zwei Quadratmetern das größte menschliche Organ – und mit bis zu 10 Kilogramm auch das schwerste. Sie macht ungefähr 20 Prozent des Körpergewichts aus und erneuert sich im Laufe des Lebens rund tausendmal.

Komm schon ... na wird's balz?!

Das Anlocken eines Geschlechtspartners ist im Tierreich meistens Sache der Männchen. Mit besonderen Lautäußerungen oder Bewegungen, der Darbietung auffälliger Körperteile oder Farbmuster signalisieren sie den Weibchen Fortpflanzungsbereitschaft. Nur wenn das Männchen genügend Eindruck macht, erlaubt das Weibchen eine Annäherung und schließlich die Paarung.

Ein Beispiel: Winkerkrabben leben in Mangrovensümpfen – sie besitzen acht Laufbeine, zwei auf langen Stielen sitzende Augen und vorne eine sehr große sowie eine kleine Schere. Mit der kleinen Schere greift die Krabbe Nahrung und führt sie zum Mund. Mit der zweiten, besonders großen Schere kann sie zuschnappen und sie dient aber vor allem dazu, durch senkrechtes Hochstrecken und Winken ein beeindrucktes Weibchen anzulocken. Diese Schere ist so schwer, dass die Krabbe sie am Boden immer wieder abstützen muss.

Übrigens ...

Nach Reis, Weizen, Mais und Maniok zählt die Süßkartoffel weltweit zu einem der am häufigsten genutzten Nahrungsmittel.

Noch 'ne Prise Salz gefällig?

Mit einer Fläche von rund 1,5 Millionen Fußballfeldern und schätzungsweise 10 Milliarden Tonnen Salz gilt die „Salar de Uyuni" in Bolivien als größte Salzwüste der Welt. Sie entstand vor mehr als 10.000 Jahren und hat auf 10.650 Quadratkilometern eine 30 Meter dicke Salzkruste. Beinahe könnte man meinen, man befindet sich mitten in einem Schneegebiet. In der Regenzeit, wenn sich auf der riesigen Salzpfanne eine Wasserschicht befindet und sich Himmel und Horizont auf der Salzoberfläche spiegeln, verwandelt sich die „Salar de Uyuni" in den größten Spiegel der Welt.

Alles so schön bunt hier

„Sieh den Regenbogen an und lobe den, der ihn schön gemacht hat in seinem Glanz. Er wölbt sich am Himmel in einem herrlichen Bogen; die Hand des Höchsten hat ihn gespannt."

Jesus Sirach 43,11–12[1]

Wie tief kann man sinken?

In der Tiefsee gibt es hydrothermale Quellen mit einer Temperatur von bis zu 400 Grad Celsius. Der Druck kann in der Tiefsee bis zu tausendmal größer sein als auf der Erdoberfläche.

Eis, Eis, Baby!

Das hat aber 'nen riesigen Schlag getan! Der vermeintlich größte Meteoritenkrater der Erde befindet sich in der Antarktis. Der sogenannte „Wilkeslandkrater" hat einen Durchmesser von rund 492 Kilometern und liegt tief unter dem Eis. Aufgrund von Berechnungen schätzen Wissenschaftler, dass der eingeschlagene Meteorit einen Durchmesser von etwa 50 Kilometern gehabt haben könnte.

Nahm Noah wirklich jeweils ein Paar der Tiere mit in die Arche?

Noah sollte tatsächlich von allen Landtieren („von allem Fleisch") jeweils ein Männchen und ein Weibchen in die Arche mitnehmen:

*   von den unreinen Tieren (z. B. Schweine, Pferde, Hasen) je ein Paar,
*   von den reinen Tieren (Wiederkäuer und Paarhufer mit gespaltenen Klauen, wie Schafe oder Rinder) jedoch sieben Paare
*   und von allen Vögeln ebenfalls jeweils sieben Paare.

In der gesamten Bibel werden 125 Tierarten namentlich erwähnt, unter anderem Heuschrecken, Schlangen, Hunde, Pferde und Kamele. Schafe werden in der Bibel am meisten erwähnt, nämlich insgesamt 200-mal, danach folgen die Lämmer und auf Platz drei stehen die Löwen.

Dass im Stall an der Krippe bei Jesu Geburt ein Ochse und ein Esel gewesen sein sollen, steht so im Buch der Bücher nicht geschrieben.

Übernatürlich. Über Natur.

Unter dem Begriff Natur werden alle organischen und anorganischen Erscheinungen verstanden, die ohne Hilfe, das heißt ohne Zutun des Menschen ganz von selbst entstanden sind oder sich entsprechend selbstständig entwickeln. Pflanzen und Tiere hingegen werden als belebte Natur und Gesteine als unbelebte Natur bezeichnet.

Untergrundflussschifffahrtskapitän

Der Fluss „Puerto Princesa" auf der philippinischen Insel Palawan ist eine weltweit einmalige Natursensation: Er verläuft teilweise unterirdisch und mündet ins Chinesische Meer. Auf knapp acht Kilometer Länge kann man ihn unter Tage auf kleinen Schiffen befahren – er ist damit der längste schiffbare Untergrundfluss der Welt. Mit Kanus kann man sogar rund 25 Kilometer lang durch seine Höhle paddeln.

Der „Puerto Princesa" beherbergt 850 verschiedene Pflanzenarten sowie über 200 Tierarten und ist Teil eines eindrucksvollen Nationalparks, der von der UNESCO zur Weltkulturerbestätte erklärt wurde. Also dann: Land unter – und genießen!

Ich bin jetzt ein völlig neuer Mensch

Durch das Absterben und die ständige Erneuerung der Zellen besteht der menschliche Körper nach rund sieben Jahren zum allergrößten Teil nicht mehr aus denselben Atomen wie zuvor – und dennoch bleibt alles beim Alten. Auch das ist ein großes Wunder.

Gute Reise!

Die über 2.000 Jahre alten Reisterrassen im Banaue-Tal auf den Philippinen werden gerne als das achte Weltwunder bezeichnet – sie gelten als das älteste Bauwerk des gesamten Landes. Ihre gesamte Fläche erstreckt sich über rund 10 Quadratkilometer an Hängen mit bis zu 70 Grad Steigung.

»Es ist doch erstaunlich, was ein einziger Sonnenstrahl mit der Seele des Menschen machen kann.«
Fjodor Dostojewski
(russ. Schriftsteller, 1821–1881)

Bloß nicht verkacken!

Wacholderdrosseln verteidigen ihre Brut gegen Kolkraben, indem sie gemeinsame Angriffe gegen ihre tiefschwarzen Feinde fliegen und diese mit Kot bespritzen, sodass die Kolkraben nicht mehr richtig fliegen können.

Schon gewusst?

Der Plural von Strauß (Blumen) heißt Sträuße, der Plural von Strauß (Vogel) heißt Strauße.

Stadt, Land, Fluss

Andorra la Vella liegt 1.011 Meter über dem Meeresspiegel – damit ist die Hauptstadt von Andorra mit ihren 22.000 Einwohnern die höchst gelegene Hauptstadt Europas.

Dänemark hat auch etwas Besonderes, denn es liegt auf zwei Kontinenten. Das Land selbst liegt im Norden Europas und gehört zu Skandinavien. Grönland als dänisches Hoheitsgebiet hingegen befindet sich auf dem nordamerikanischen Kontinent.

In Finnland gibt es rund 200.000 Seen. Echt seenswürdig! Und in Montenegro, auf der Balkanhalbinsel, gilt die Tara-Schlucht mit bis zu 1.300 Metern als tiefste Schlucht Europas.

Erst mal richtig Luft schnappen ...

Die Luft im Wald enthält tatsächlich nicht mehr Sauerstoff als in der Stadt, auf dem Kilimandscharo oder am Nordpol – unsere Atemluft enthält überall rund 21 Prozent. Dass man beispielsweise im Wald freier atmen kann, liegt nicht an einem größeren Anteil an Sauerstoff, sondern an einer größeren Menge negativ geladener Sauerstoffionen. Und diese besonders aktive Art dieses farb- und geruchlosen Gases wird von unserem Körper leichter aufgenommen als Sauerstoff mit positiver Ladung – deshalb erscheint uns dann diese Atemluft angenehmer, frischer. Hingegen macht uns Luft mit überwiegend positiv geladenen Sauerstoffteilchen eher müde und schlapp.

Gott sei Dank!

„Am Anfang schuf Gott Himmel und Erde. Und die Erde war wüst und leer, und Finsternis lag auf der Tiefe; und der Geist Gottes schwebte über dem Wasser. Und Gott sprach: Es werde Licht! Und es ward Licht." 1. Mose 1,1–3

Übrigens ...

Die Hakennasennatter öffnet bei Gefahr ihr Maul, streckt die Zunge heraus und wirft sich dabei auf den Rücken – sie stellt sich tot und ihre Fressfeinde sollen sie durch diesen Trick für ungenießbar halten.

Schon gewusst?

Die Lärche verliert im Winter ihre Nadeln –
andere Nadelbäume nicht.

*****

Der Affenbrotbaum (Afrikanischer Baobab) kann im Innern
seines Stammes bis zu 120.000 Liter Wasser speichern –
das sind 800 volle Badewannen.

*****

Das längste Gebirge der Erde ist mit etwa 9.000 Kilometern die
Anden, auf der Westseite des südamerikanischen Kontinents.

*****

Den männlichen Fuchs nennt man Rüde,
das Weibchen nennt man Fähe.

*****

In der Arktis gibt es Eisbären,
in der Antarktis gibt es Pinguine.

Woher hat der Januar seinen Namen?

Januar leitet sich von lateinisch „Ianiarius" ab (dem Gott Janus geweiht). Seine zwei Gesichter symbolisieren Anfang und Ende, Eingang und Ausgang. Für die normale Landbevölkerung war der Januar vor allem wegen des hohen Holzverbrauchs zum Heizen der teuerste Monat des Jahres.

> *»Mit jedem Kind, das dir begegnet,*
> *ertappst du Gott auf frischer Tat.«*
>
> Martin Luther
> (dt. Augustiner und Theologieprofessor, 1483–1546)

Vorsicht, schimmelig!

Schimmelpferde werden nicht weiß geboren, sondern mit einem sehr dunklen Fell – und erst im hohen Alter haben sie die bekannte Farbe „Schimmel-Weiß" erreicht.

Weiß geborene Pferde gibt es aber auch – das sind dann die sogenannten Albinos (lat. albus = weiß). Sie genießen trotz ihrer fehlenden Farbpigmente und ihren roten empfindlichen Augen einen durchaus guten Huf.

Ich bin ganz Ohr

Das menschliche Gehör macht niemals Pause, es ist rund um die Uhr im Einsatz. Selbst wenn wir schlafen, nehmen wir noch entsprechende Umgebungsgeräusche wahr. Unser Trommelfell befindet sich zirka 1,5 bis 2 Zentimeter tief im Gehörgang. Diese Membran hat ungefähr die doppelte Stärke wie ein Haar – und damit ist es mit rund einem Zehntel Millimeter immer noch wahnsinnig dünn. Das Trommelfell ist sehr stabil und flexibel und kann ungefähr so viel Druck aushalten wie ein aufgepumpter Fahrradreifen. Es wandelt Schallwellen in mechanische Schwingungen um.

Wenn man vom Ohrabstand spricht, ist übrigens nicht der Abstand der Ohren zueinander gemeint, sondern der Abstand der beiden Trommelfelle. Das Trommelfell wird von einem runden Knorpelring gehalten, in den es straff eingespannt ist, wie das Fell bei einer Trommel – daher hat es seinen Namen.

Gips doch gar nicht! Gips doch!

Im Süden von New Mexiko gibt es ein einzigartiges Naturwunder zu bestaunen – eine Wüste aus weißem reinem Gips. Der sogenannte „White-Sands-Nationalpark" besteht aus wasserhaltigem Calciumsulfat, das aus einem nahegelegenen See mit sehr hohem Mineralgehalt stammt. Nach dem Verdunsten bleiben Mineralien zurück, die anschließend Gipsablagerungen bilden und durch den Wind weggetragen werden. Die wellenförmigen, weiß glitzernden Dünen des Nationalparks bestehen somit aus reinem Gipssand und bilden diese ganz außergewöhnliche Landschaft. Was es nicht alles Gips!

Wolle Rose kaufe?

Die Pfingstrose gehört zur Gattung der Hahnenfußgewächse und ist als Zierpflanze besonders mit ihren großen dunkelroten Blüten sehr beliebt – aber auch in rosa oder weiß. Sie ist vor allem in China und in den Ländern am Mittelmeer zu Hause. Sie hat ihren volkstümlichen Namen daher, weil sie um die Pfingstzeit herum blüht. Als sogenannte „Rose ohne Dorn" wurde sie zum Mariensymbol.

»In schwarzer Nacht, auf schwarzem Stein,
eine schwarze Ameise. Gott sieht sie.«
Arabisches Sprichwort

Immer auf dem Sprung

Flöhe können 18 Monate alt werden und bis zu acht Wochen völlig ohne Nahrung auskommen. Diese Parasiten sind Weltmeister im Hochsprung, denn sie können bis zu 20 Zentimeter hoch hüpfen – das ist mehr als das Hundertfünfundzwanzigfache ihrer Körpergröße von nur rund 1,5 Millimeter.

Im Vergleich dazu müsste ein 1,75 m großer Mensch aus dem Stand über 230 Meter hoch springen. Ein absolutes Ding der Unmöglichkeit. Wie dieser biologische Mechanismus bei diesen flügellosen Insekten genau funktioniert, das ist bis heute noch nicht richtig im Detail erforscht; auf jeden Fall gilt die Schnellkraft der Flöhe als eine der schnellsten Bewegungen überhaupt im gesamten Tierreich. Bei einer Flucht kann das nur von Vorteil sein – dann heißt es: Der Floh floh.

22

For your eyes only ...

Fische schlafen mit offenen Augen – weil sie keine Augenlider haben. Das ist aber eigentlich auch nicht notwendig, da im Wasser die Augen nicht austrocknen können. Zum Schlafen suchen Fische strömungsarme Stellen auf. Der Begriff Lid stammt übrigens vom Alt- bzw. Mittelhochdeutschen (hlit, lit) und bedeutet so viel wie Deckel oder Verschluss.

Friss oder stirb!

Weltweit sammelt sich in unseren Deponien, in der Umwelt und in Ozeanen tonnenweise nicht abbaubarer Kunststoff, der neben der Mikroplastik-Problematik u. a. auch giftige Gase erzeugt, wenn er zerfällt. Bereits 2012 wurde tief im Amazonasgebiet ein Pilz entdeckt, der in einer sauerstofffreien Umgebung überleben kann und sogar Polyurethane frisst, ohne schädliche Gase in das Ökosystem abzugeben.

„Pestalotiopsis microspora" heißt dieses erstaunliche Heilmittel der Natur, das nun immer besser erforscht wird, bevor der Pilz in größeren Mengen zum Einsatz kommen soll – als kleiner Retter der Menschheit. Noch besser wäre es natürlich, entsprechenden Plastikmüll gleich von vornherein zu vermeiden.

Übrigens ...

Nur so groß wie eine Erbse und knapp 0,4 Gramm schwer – die Eier der Bienenelfe, einer auf Kuba lebenden Kolibri-Art, sind die kleinsten der Welt.

Hau bitte ab, aber Zeck-Zeck!

Zecken erkennen ihre Opfer unter anderem an deren im Schweiß enthaltenen Stoffe wie Ammoniak oder Buttersäure, aber auch an Kohlendioxid, das beim Ausatmen entsteht. Nach einer Mahlzeit haben die winzigen Tierchen ein bis zu 150-mal schwereres Körpergewicht als vorher. In freier Natur können Zecken nach einer erfolgreichen Blutmahlzeit bis zu fünf Jahre ohne weitere Nahrung auskommen – es sind wahre Überlebenskünstler. Also sogenannter Zeckenkaviar werden die bis zu 20.000 Eier genannt, die nach dem Legen durch eine Art Wachsschicht schwabbelig zusammenkleben.

> *»Der Weltenball wird von Feuer,*
> *Wind und Luft in Bewegung gehalten,*
> *und jedwede Kreatur ist in ihm geborgen.«*
> Hildegard von Bingen
> (dt. Benediktinerin und Kräuterkundlerin, 1098–1179)

Das zieht sich

Das ganze Gefäßsystem des Menschen – die Gesamtheit aller Lymphgefäße und Blutgefäße im Körper, bis hinein in die kleinsten Verästelungen – hat eine Länge von mehr als 100.000 Kilometern. Einfach unglaublich! Das ist ungefähr 20-mal die Strecke von Berlin bis nach Rio de Janeiro.

Ab ins Nest!

Schwalben, Flamingos und viele andere Vögel bauen ihre Nester aus feuchtem Lehm, Tonerde oder tonhaltigem Flussschlamm. Oft ist Teamwork gefragt. Wenn der Lehm trocknet, wird er hart und stabil, sodass Eier und junger Nachwuchs vor Feinden und der Witterung sicher geschützt sind.

Lehmnester bestehen aus vielen hunderten Klumpen, die entsprechend zusammengetragen und zu einer nach oben offenen oder fast geschlossenen Form verbaut werden. Lehmnester halten automatisch die ideale notwendige Brutwärme für das Gelege.

Andere Vögel wiederum bauen Nester aus Grashalmen oder Stroh – die meisten Webervögel beherrschen sogar verschiedene Stiche und Knoten und verflechten alles zu korb- oder beutelartigen Nestern.

In Namibia gibt es in Akazienbäumen riesige Gemeinschaftsnester mit acht Metern Länge und bis zu zwei Metern Höhe, in denen rund 250 „Siedelweber" wie in einem Apartmenthaus leben. Sie flechten oder knüpfen jedoch nicht, sondern sie schichten das Stroh oder Gras in Lagen – genauso wie der Mensch Reetdächer baut.

> *»Ich habe heute ein paar Blumen nicht gepflückt,*
> *um dir ihr Leben mitzubringen.«*
>
> Christian Morgenstern
> (dt. Schriftsteller und Dichter, 1871–1914)

Leben auf der Überholspur

Die fertig entwickelte Eintagsfliege besitzt weder Mundwerkzeuge noch einen funktionsfähigen Darm. Für Paarung und Eiablage bleiben nur wenige Tage, bevor die Tiere sterben. Das Leben vergeht für die durchschnittlich 3 Milligramm schweren Insekten wie im Flug.

Tief runter

Die größte Schlucht der Erde ist der 350 Kilometer lange Grand Canyon im US-amerikanischen Bundesstaat Arizona – er ist bis zu 1.800 Meter tief.

Schon gewusst?

Unsere Lunge hat mit rund 120 Quadratmetern ungefähr dieselbe Oberfläche wie ein Beachvolleyballfeld.

Lass dir keine Beeren aufbinden!

Zitronen, Tomaten, Bananen, Datteln, Paprika, Auberginen, Avocados und Kürbisse sind tatsächlich Beeren. Laut Definition sind Beeren Früchte, deren Kerne frei im Fruchtfleisch liegen. Der Kürbis ist somit auch die größte Beere der Welt – von diesen sogenannten Panzerbeeren gibt es weltweit über 750 Sorten. Einfach beerig!

You are so wonderful ... to me!

„Denn du hast meine Nieren bereitet und hast mich gebildet im Mutterleibe. Ich danke dir dafür, dass ich wunderbar gemacht bin; wunderbar sind deine Werke; das erkennt meine Seele. Es war dir mein Gebein nicht verborgen, da ich im Verborgenen gemacht wurde, da ich gebildet wurde unten in der Erde." Psalm 139,13–15[2]

Der ist bei denen völlig unten durch ...

In der Arktis, also innerhalb des Nördlichen Polarkreises, befinden sich die nördlichsten Teile Nordamerikas, Europas und Asiens sowie der größte Teil der Insel Grönland. Unterhalb des Nordpols gibt es kein Festland. Das wurde bereits im Jahr 1958 bestätigt, als das amerikanische Unterseeboot Nautilus komplett unter dem Eis durchtauchte. Ein eindeutiger Bew-eis!

Völlig losgelöst ... von der Erde

Eine kleine Sonnenblume und eine Zucchiniblüte waren die ersten Pflanzen, die im Weltraum wuchsen. Der amerikanische Astronaut Don Pettit hatte 2012 auf der Internationalen Raumstation ISS entsprechende Samen in Plastiktüten dabei.

Das ist ... Spitze!

Rosen haben übrigens keine Dornen, sondern Stacheln. Stacheln werden aus Rindengewebe gebildet und befinden sich an der Sprossachse höherer Pflanzen. Kakteen beispielsweise haben Dornen – stechend spitze Gebilde, die durch Umwandlung eines Pflanzenorgans entstehen.

Lass dich in die Arme schließen ...

Seesterne verspeisen Miesmuscheln, indem sie sich über diese legen und mit den Armen so lange daran ziehen, bis sie sich langsam öffnen. Dann schiebt der Seestern seinen ausstülpbaren Magen durch die kleine Öffnung und verdaut das Muschelfleisch außerhalb seines Körpers.

Unter Wasser schallt es schneller

Der Schall breitet sich in der Luft mit 343 Metern pro Sekunde aus, das sind 1.235,5 Stundenkilometer. Flüssigkeiten sind dichter als Luft, weil die Verbindungen zwischen den Molekülen etwas stärker sind – deshalb ist die Schallgeschwindigkeit in Wasser höher. Sie beträgt 1.484 Meter pro Sekunde bzw. 5.342 Stundenkilometer.

Am allerletzten Zipfel

Direkt bei Deutschlands südlichster Ortschaft Oberstdorf befindet sich die tiefste Felsenschlucht Mitteleuropas – die „Breitachklamm". Auf einem 2,5 Kilometer langen Wanderweg kann man die bis zu 100 Meter tiefe Schlucht begehen und ganz nah die Urgewalt des rauschenden Wassers spüren und erleben.

Nur wenige Kilometer entfernt befindet sich auch der südlichste Zipfel Deutschlands, das „Haldenwanger Eck".

Der nördlichste Punkt Deutschlands liegt übrigens bei List auf Sylt, die westlichste Stelle befindet sich bei Selfkant und der östlichste Zipfel ist in der Nähe von Görlitz. Im sogenannten „Zipfelpass" kann man sich den Besuch in allen vier Orten bestätigen und abstempeln lassen.

»Die Schöpfung war nie als Abschöpfung gedacht.«
Franz Kern
(dt. Philologe, 1830–1894)

Einfach riesig

Der Bambus ist die am schnellsten wachsende Pflanze weltweit –
das Wachstum des Riesenbambus' kann bis zu 100 cm pro Tag
betragen.

Aaaalter ...!

Die durchschnittliche Lebenserwartung:

Schmetterling – 1 Monat
Ameise – 6 Monate
Ratte – 2,5 Jahre
Pferd – 25 Jahre
Fledermaus – 30 Jahre
Papagei – 80 Jahre
Galápagos-Schildkröte – bis zu 150 Jahre

Tröpfche für Tröpfche ...

Normale klassische Regentropfen haben einen Durchmesser von
ungefähr 1 bis 2 Millimetern und fallen mit einer Geschwindigkeit von etwa 20 Stundenkilometern aus den Wolken auf die Erde.
Bei Nieselregen sind sie 5 bis 10 Stundenkilometer schnell und bei
einem Platzregen sind es bis zu 40 Stundenkilometer.

Zum Ablachen

Lachmöwen heißen nicht deshalb Lachmöwen, weil sie lachen – sondern weil sie vorwiegend in lachenreichen (flachen, pfützenartigen) Uferregionen von Binnengewässern ihre Nistplätze bauen.

Die Sache mit dem Sonntagsbraten

Pandabären fressen normalerweise Pflanzen – sie nehmen aber auch Fleisch zu sich, wenn sie es bekommen können.

Wer hat an der Uhr gedreht ...

Jedes Jahr zur Frühlingszeit beginnen Blumen, Sträucher und Bäume in allen Farben zu blühen. Aber woher wissen die Pflanzen, wann Frühjahr ist? Einige messen bzw. fühlen tatsächlich die Temperatur. Obstbäume beispielsweise beginnen erst nach einer gewissen Anzahl von warmen Tagen mit der Blüte, sie zählen diese Zeiten quasi zusammen. Somit kann sich ihr Zyklus also auch von Jahr zu Jahr um einige Wochen verschieben. Spinat hingegen reagiert auf das Tag-Nacht-Verhältnis.

Sobald ein bestimmter Schwellenwert erreicht ist, beginnt das Blattgemüse zu blühen. Die Helligkeit wird dabei von Lichtsensoren wahrgenommen und in den Genen der Pflanze ist zusätzlich eine Art biologische Uhr festgeschrieben – dies dient quasi als Vergleichsmaßstab. Und dann kann uns was blühen!

Schon wieder 'ne alte Jungfer!

Blattläuse ernähren sich mit ihrem Stechrüssel von Pflanzensäften. Von Frühling bis Sommer erzeugt jedes Weibchen Nachkommen durch ungeschlechtliche Befruchtung – also aus unbefruchteten Eiern. Durch diese sogenannte Jungfernzeugung stimmt der Nachwuchs in seinem Erbgut vollkommen mit der Mutter überein. Alle Merkmale werden zu 100 Prozent an die nächste Generation weitergegeben. Die Weibchen können täglich sechs identische Klone zur Welt bringen und diese sind somit ebenso Weibchen. Bei manchen der weltweit rund 5.000 Blattlausarten werden auch Männchen geboren. Sie paaren sich mit den Weibchen und diese legen dann entsprechend befruchtete Eier.

Im Gegensatz zu den meisten anderen Tieren kommen Blattläuse übrigens mit dem Hinterteil voran zur Welt. Die Geburt geht also jedes Mal absolut nach hinten los.

Rasant schnell unterwegs

Sternschnuppen rasen mit 70 Kilometern pro Sekunde durchs Weltall – das sind umgerechnet 250.000 Stundenkilometer!

»Ich bin das Land. Meine Augen sind der Himmel.
Meine Glieder sind die Bäume.
Ich bin der Fels, die Wassertiefe.
Ich bin nicht hier, um die Natur zu beherrschen
oder sie auszunutzen. Ich bin selbst Natur.«
Indianische Weisheit

Woher hat der Februar seinen Namen?

Der Februar hat seinen Namen möglicherweise von einem altrömischen Kasteiungsmittel, das bis zu Cäsars Kalenderreform verwendet wurde. Zur Züchtigung der Bevölkerung liefen Priester durch die Straßen und schlugen mit Ziegenhautriemen (februa) auf die Menschen ein – wodurch sie seelisch und körperlich geläutert werden sollten. Ein altitalienischer Gott der Unterwelt soll „Februus" geheißen haben.

Übrigens ...

Kolibris müssen täglich das Achtfache ihres Körpergewichts an Nahrung zu sich nehmen. Sie verbrauchen so viel Energie, weil sie bis zu 200-mal pro Sekunde mit ihren Flügeln schlagen.

Das geht alles auf Pump!

Unser Herz ist ein Hohlmuskel, der ununterbrochen, Tag und Nacht, Blut durch den Körper pumpt und dadurch die Versorgung aller Organe über den Kreislauf sichert.

Das Herz schlägt während eines durchschnittlichen Menschenlebens rund drei Milliarden mal. Bei der Embryonalentwicklung des Menschen beginnt sich das Herz in der dritten Woche zu bilden – um den 23. Tag fängt es mit ersten Kontraktionen und Pumpbewegungen an. Bei Erwachsenen wird im Ruhezustand pro Minute etwa einmal die gesamte Blutmenge des Körpers vom Herz in den Kreislauf gepumpt. Bei körperlicher Anstrengung kann sich die Pumpleistung bis auf das Fünffache erhöhen. Schwerstarbeit – auf einen Schlag.

Oldies but Goldies

Der Schwamm, den Taucher als sogenannten Gebrauchsschwamm (Hornschwamm, Badeschwamm) aus dem Meer holen, ist keine Pflanze, sondern ein Tier. Schwämme sind rund 10.000 Jahre alt und zählen zu den ältesten Lebewesen.

Pfau dir das mal an!

Der Pfau ist ein Hühnervogel und gehört zur Familie der Fasane; er stammt ursprünglich aus Indien und Sri Lanka. Die Hennen sind dank ihrer unauffälligen Tarnfarbe beim Ausbrüten der Eier gut vor Räubern geschützt. Die Männchen hingegen prahlen und protzen mit ihrer sogenannten Schleppe – einem verlängerten Schwanz mit rund 150 Federn, den sie zu einem großen beeindruckenden Rad aufstellen können. Auf jeder Feder ist ein großes Auge abgebildet. Das imposante Schauspiel soll einerseits die Hennen beeindrucken und andererseits bei Bedarf potenzielle Feinde abschrecken.

In Indien werden Pfaue als heilig verehrt und sehr geschätzt, weil sie Kobra-Schlangen fressen. Trotz ihrer Größe und des langen Schwanzes können sie fliegen, aber höchstens einige Hundert Meter. So 'ne Pfauerei!

Schon gewusst?

In Deutschland gibt es rund 250 Zugvogelarten, die sich entweder den Sommer über oder über den Winter hier aufhalten.

Völlig staatenlos

Die Antarktis ist der einzige Kontinent, den kein Staat „besitzt".

Übrigens ...

Das männliche Murmeltier nennt man Bär, das Weibchen nennt man Katze.

Echt spießig!

Zecken stechen, aber sie beißen nicht. Zecken sind blutsaugende Milben und haben einen sogenannten Stechrüssel – dieser ritzt die Haut an und reißt eine Wunde, die sich dann mit Blut füllt und entsprechend ausgesaugt wird.

Zweimal doppelt hält besser

Neben Rindern haben auch Ziegen, Schafe, Hirsche, Giraffen und Lamas vier Mägen – diese pflanzenfressenden Säugetiere sind alle sogenannte Wiederkäuer.

Was guckst du – ich bin doch gar nicht da

Der „Austernfischer" ist ein circa 40 Zentimeter großer Vogel mit roten Beinen, einem langen roten Schnabel sowie schwarz und weiß gefärbtem Gefieder. Er frisst weder Austern noch fischt er – er bevorzugt vor allem Würmer, Krebse und andere Muscheln. Seine an Küsten und entlang von Flüssen gelegten Eier sind zwischen den Steinen kaum zu sehen. Durch ihre gepunktete Tarnfärbung sind sie vor Nesträubern geschützt.

Tarnung ist ein wichtiges Merkmal bei Tieren in der Natur; wenn man sich nicht verteidigen kann, ist es u. a. auch nützlich so auszusehen, als sei man nicht essbar. Die Auswüchse auf dem Rücken der „Buckelzirpe" sehen wie ein kleines hartes Zweigstückchen aus – das soll Insektenfresser davon abhalten, den Leckerbissen zu verspeisen.

„Kattas" sind eine Primatenart und leben in Madagaskar. Sie wickeln ihren langen schwarz-weiß geringelten Schwanz wie einen Schal um sich, wenn sie sich auf einem Baum im Urwald ausruhen. Dort wechseln Licht und Schatten ständig, und das Hell-Dunkel-Muster fällt fast gar nicht auf. Ganz schön schlau!

Keine Männersache

Bei den Löwen jagen im Rudel nur die weiblichen Tiere. Sie erreichen bei der Jagd Spitzengeschwindigkeiten von 60 bis 80 Stundenkilometern. Allerdings ist im Durchschnitt nur jede fünfte Jagd erfolgreich.

Einmal durch

In nur 30 bis 60 Sekunden strömt das Blut einmal komplett durch unseren Körper – mit einer Geschwindigkeit von rund 4 Stundenkilometern. Das sind rund 8.000 Liter täglich.

Engele fliiieg ...

Erzengel Michael führt den Weberknecht als Symboltier – und dem Erzengel Gabriel sind Motten, der Schellfisch und Spinnen zugeordnet. Interessante Kombination.

Das Salz der Erde

Das salzhaltigste Gewässer der Erde ist nicht das Tote Meer mit rund 30 Prozent Salzgehalt, sondern der sehr flache und nur rund 30.000 Quadratmeter große Don-Juan-See in der Antarktis. Er hat einen Salzgehalt von sagenhaften knapp über 40 Prozent.

Mann, ist der dick, Mann …

Bei keinem anderen Säugetier ist die Körpergröße so verschieden wie bei den See-Elefanten. Männchen wiegen bis zu dreieinhalb Tonnen – bis zu fünfmal mehr als ein Weibchen wiegt. See-Elefanten sind die größten Robben der Welt; ein Bulle kann sechseinhalb Meter lang werden, eine Kuh dreieinhalb Meter.

Am Anfang der Brutzeit fechten die stärksten Männchen heftige Kämpfe aus: Sie brüllen laut, blasen ihre rüsselartigen Nasen auf und hacken mit den Stoßzähnen auf Rivalen ein. Die Sieger besetzen jeweils einen Strandabschnitt und bewachen dort einen Harem aus bis zu 20 Weibchen.

Von wegen mit denen ist kein Staat zu machen

In den trockenen Savannen Ostafrikas lebt eines der ungewöhnlichsten Säugetiere der Erde – der Nacktmull, ein haarloses Nagetier mit runzliger Haut. Nicht nur sein Aussehen, auch seine Lebensweise fällt aus dem Rahmen: Nacktmulle sind die einzigen bekannten Säugetiere, die ähnlich wie Bienen und Termiten leben. Sie bilden kleine Tierstaaten, die aus Verwandten bestehen und sich gegenseitig unterstützen.

In jedem Staat pflanzt sich nur eines der Weibchen fort: die Königin. Sie paart sich nur mit einem oder zwei Männchen. Die anderen Weibchen sind Arbeiterinnen, sie sammeln Nahrung und pflegen den Nachwuchs.

Tarnen und täuschen

Wenn ein Tier gut getarnt ist, wird es von seiner Beute nicht so schnell gesehen. So passt der Polarfuchs seine Fellfarbe je nach Jahreszeit der Umgebung an. Im Sommer sind in der Tundra diese Wildhunde braun, im Winter haben die monogamen Allesfresser dagegen ein weißes Fell. Der Polarfuchs ist durch die globale Erwärmung eine der mit am stärksten bedrohten Tierarten.

Die Fangschrecke „Pseudocreobotra" aus Kenia frisst Insekten. Weil sie aussieht wie eine Blume, können Insekten auf der Suche nach Nektar sie zwischen all den anderen Blüten nicht erkennen – und schon schnappt die Falle zu und die Fangbeine schnappen sich den Happen.

Heute schon gelacht?

Beim Erschaffen des Menschen:
Assistent: „Und, ist der gut so?"
Gott: „Mach noch einen kleinen Zeh dran."
Assistent: „Wofür?"
Gott: „Für die Möbel."
Assistent: „Für die Möbel?"
Gott: „Vertrau mir, das wird lustig."

Schon gewusst?
Die Erde ist der einzige Planet in unserem Sonnensystem, der nicht nach einem Gott benannt ist.

Schrecklich auf Ex

Der britische Naturforscher und Gegner der Evolutionstheorie, Sir Richard Owen, hat 1842 den Begriff Dinosaurier erfunden – er kombinierte die beiden griechischen Wörter *deinos* (schrecklich) und *sauros* (Echse). Owen hielt überhaupt nichts von der Theorie der natürlichen Selektion – er war fest davon überzeugt, dass jedes Lebewesen der Erdgeschichte Teil eines schöpferischen Plans sei.

Pssst!

Schlangen können nicht hören – das dachte man lange. Sie haben zwar keine Ohren, reagieren aber besser als bislang von Forschern vermutet auf Schallwellen. Wie stark die Tiere reagieren, variiert allerdings von Gattung zu Gattung.

*»Berge sind stille Meister
und machen schweigsame Schüler.«*
Johann Wolfgang von Goethe,
(dt. Dichter und Naturforscher, 1749–1832)

Da schauste aber in die Röhre!

Spinnen kennt man vor allem als Baumeister von Beutefangnetzen – ihre Seite ist elastisch, reißfest und meist klebrig. Ein Insekt, das sich im Netz verfangen hat, verheddert sich immer mehr darin, wenn es versucht, sich zu befreien.

* „Tapezierspinnen" konstruieren sich Wohnröhren auf Baumstämmen mit rauer Borke und kleiden diese Hohlräume an den Innenwänden mit Seide aus. Dann wird das Ganze zur Tarnung mit Erde, Sand, Pflanzenteilen und Rindenstücken tapeziert. Das schützt vor Hitze, Kälte und Regen.

* „Falltürspinnen" graben bleistiftdicke Röhren inklusive Fluchttunneln in die Erde oder in morsche Baumstämme. Ideale Verstecke, in denen sie auf Beute lauern und sich vor Feinden wie Skorpione, Hundertfüßer und Schlupfwespen schützen. Der Eingangsbereich besteht aus einer mit Seidenscharnieren versehenen Falltür, hinter der sie auf die eine oder andere leckere Mahlzeit lauern.

Da kann man durchaus geteilter Meinung sein ...

Aktuell gibt es weltweit rund 400 aktiv betriebene Kernkraftwerke. Laut dem Statistischen Bundesamt[3] haben (Stand Januar 2024) folgende Länder den Bau von neuen Atomreaktoren geplant:

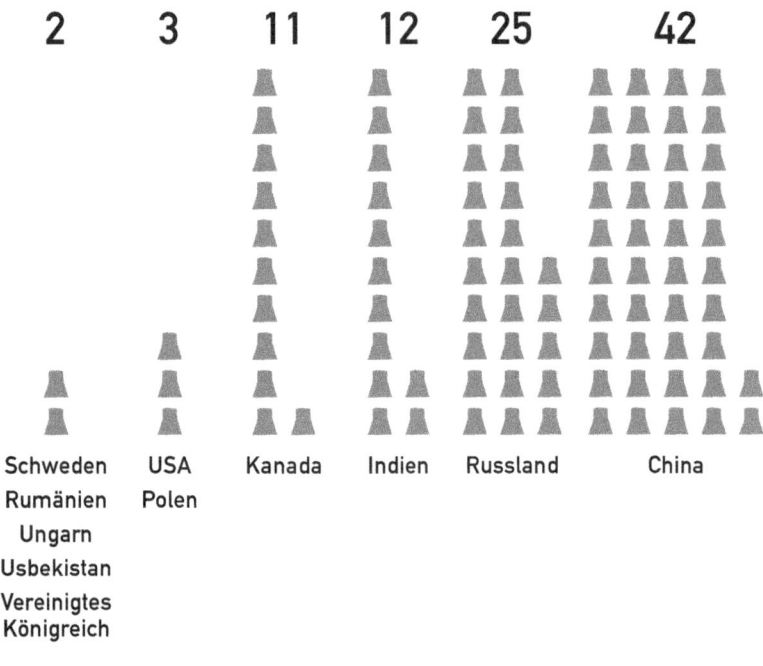

2	3	11	12	25	42
Schweden	USA	Kanada	Indien	Russland	China
Rumänien	Polen				
Ungarn					
Usbekistan					
Vereinigtes Königreich					

Nicht jedes Land teilt die Idee, die Kernspaltung beizubehalten und sogar weiter auszubauen – nicht zuletzt wegen des Risikos der unsicheren Endlagerung.

The One and Only

„Dabei ist doch das, was man von Gott erkennen kann, für sie deutlich sichtbar; er selbst hat es ihnen vor Augen gestellt. Seit der Erschaffung der Welt sind seine Werke ein sichtbarer Hinweis auf ihn, den unsichtbaren Gott, auf seine ewige Macht und sein göttliches Wesen. Die Menschen haben also keine Entschuldigung."

Römer 1,19–20[4]

Um Gradesbreite

Wenn die Erdachse nicht im Winkel von 23,5 Grad geneigt wäre, gäbe es keine Jahreszeiten – wir hätten immer dieselbe.

Alter schützt vor Tierheit nicht

Der 1872 gegründete Yellowstone-Nationalpark in Wyoming, im Westen der United States of America, gilt als der älteste Nationalpark der Welt. Er ist hauptsächlich für seine Wildtiere wie Wölfe, Bisons und Grizzlybären sowie seine Geysire bekannt und hat seinen Namen vom größten Fluss im Park, dem Yellowstone River. Er ist Teil der Rocky Mountains und hat eine Fläche von 8.987 Quadratkilometern. Seit 1978 zählt er zum UNESCO-Weltnaturerbe.

Klettern für den Stuhlgang

Etwa einmal pro Woche kommen Faultiere auf den Boden, um den Darm zu entleeren – dann klettern sie gleich wieder nach oben.

Woher hat der März seinen Namen?

Der März ist dem römischen Kriegsgott Mars geweiht und hieß lat. „martius". Im altrömischen bäuerlichen Kalender war der März der erste Monat des Jahres. Früher begann man im März die zur Zucht untauglichen Schafe auszusondern, wovon sich das Wort „ausmerzen" herleitet.

Da ist der Wurm drin!

In warmen, flachen Meeren, bei rund 24 Grad Wassertemperatur, lebt in selbst gebauten Kalkröhren der sogenannte „Weihnachtsbaumwurm". Er hat einen bis zu knapp 11 cm langen Körper mit unterschiedlicher Färbung – es gibt ihn in Weiß, Gelb, Orange, Rot, Braun, Pink oder Blau.

Dieser Spiralröhrenwurm sieht tatsächlich aus wie ein Weihnachtsbaum und kommt vor allem in tropischen Gewässern vor, u. a. im Roten Meer, im Indischen Ozean, in der Karibik, im Südpazifik, im Golf von Mexiko – verwandte Arten findet man aber auch in der Nordsee.

Bring' mal den Müll raus!
Aber bitte nicht so.

In Afrika kämpfen nicht nur die Menschen für eine saubere Umwelt, auch die dort lebenden Wildtiere benötigen Schutz und sollen keinen unachtsam entsorgten Plastikmüll fressen und daran erkranken oder gar sterben. Jährlich verenden unzählige Tiere aufgrund der Umweltverschmutzung durch Müllberge mit Plastiktüten und Plastikverpackungen. Folgen des Plastikmülls zeigen sich auch bei den Fischern – immer mehr klagen über zu viel Plastik und zu wenig Fisch im Netz. Eines der Grundnahrungsmittel der Bevölkerung verschwindet langsam aber stetig vom Speiseplan.

Mittlerweile ist in vielen Ländern Afrikas Plastik verboten, vor allem Plastiktüten sind nicht mehr erlaubt. Bereits seit 2008 ist es in Ruanda verboten, Plastiktüten zu produzieren, zu verkaufen, zu importieren oder einfach nur zu besitzen. Schon die Kinder lernen, dass eine Plastiktüte selbst in 100 Jahren noch nicht verrottet ist und unserem Planeten langfristig schadet.

Wer in Kenia, Botswana, Mosambik oder Tansania eine Plastiktüte besitzt oder in das Land mitbringt, muss mit sehr hohen Geldstrafen rechnen. Wiederverwertbare Stoffbeutel sind hier die Lösung. Damit die Umwelt nicht noch mehr gebeutelt wird.

*»In jedem Geschöpf der Natur
lebt das Wunderbare.«*
Aristoteles
(griech. Philosoph und Naturforscher, 384–332 v. Chr)

Übrigens ...

Delfine schlafen immer nur mit einer Gehirnhälfte, die andere bleibt wach. Nach einer Weile wird gewechselt. Deshalb haben sie in ihrem Halbschlaf auch immer die Augen offen.

I'm a Survivor!

Die Rugby-Nationalmannschaft von Namibia trägt den Spitznamen „The Welwitschias". Es ist eine Hommage an die Nationalpflanze des südwestafrikanischen Landes. Das Wüstengewächs mit der lateinischen Bezeichnung *Welwitschia mirabilis* (sie wurde 1859 vom Österreicher Friedrich Welwitsch entdeckt; mirabilis bedeutet wunderbar) ist ein Überlebenskünstler – prachtvolle Blüten oder auffällige Farben zeichnen sie nicht aus, sondern Robustheit und absolute Bescheidenheit. Sie verfügt über nur ein einziges Blattpaar, das zeitlebens immer weiterwächst. Diese beeindruckende Pflanze, die aussieht, als ob sie nur als eine Art Haufen ausgetrocknet auf der Erde liegt, kann über 1.000 Jahre alt werden. Die Welwitschie soll es schon vor 100 Millionen Jahren gegeben haben. Ein echter Methusalem also.

Schon gewusst?

Der menschliche Körper besteht aus rund 30 chemischen Elementen – diese Rohstoffe haben einen Gesamtwert von insgesamt rund 10 Euro.

So 'ne Saurierrei

Riesendinosaurier (*Sauropoden*) waren die größten Tiere, die jemals an Land gelebt haben. Der „Supersaurus" war mit 41 Metern der Längste, der „Seismosaurus" brachte 130 Tonnen auf die Waage, er war der Schwerste. Der höchste Dinosaurier war der „Brachiosaurus", mit seinem giraffenartigen Hals erreichte er stattliche 16 Meter. Der kleinste bis jetzt ausgegrabene Dinosaurier ist der „Compsognathus", der nur so groß wie ein Huhn war. Und der „Hadrosaurier" hatte die allermeisten Zähne: über 1.000 Stück!

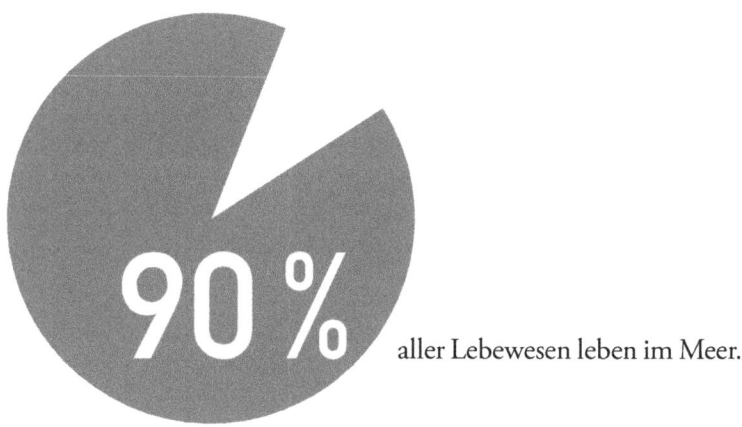

90 % aller Lebewesen leben im Meer.

»*Alles, was Natur an Gutem schenken kann,*
schenkt sie uns in Fülle.
Und dazu die Begabung,
all das zu genießen.«
Indianische Weisheit

Bibelworte zum Begriff Schöpfung

„Danach sagte Jesus zu seinen Jüngern: »Geht in die ganze Welt
und verkündet der ganzen Schöpfung das Evangelium!"[5]
Markus 16,15

***

„Vielmehr wissen wir: Wenn jemand zu Christus gehört, ist er
eine neue Schöpfung. Das Alte ist vergangen; etwas ganz Neues
hat begonnen!"[6]
2. Korinther 5,17

***

„Er ist vor aller Schöpfung und in ihm hat alles Bestand."[7]
Kolosser 1,17

***

„Aus freiem Willen hat er uns
durch das Wort der Wahrheit geboren,
damit wir eine Erstlingsfrucht seiner Schöpfung seien."[8]
Jakobus 1,18

***

„Ich bin das Alpha und das Omega, spricht Gott, der Herr, der
ist und der war und der kommt, der Herrscher über die ganze
Schöpfung."[9]
Offenbarung 1,8

Geruhsame Nacht

Riesenkängurus sind die einzigen Pflanzenfresser, die auch auf dem Rücken schlafen. Ein Grund dafür könnten die in Australien fehlenden Fressfeinde sein.

Schon gewusst?

Auf einem Quadratzentimeter Haut befinden sich etwa 25 Schweißdrüsen.

Die Sache mit dem Nachwuchs

Zum Nachwuchs eines Moorhuhns sagt man „Piepser", den Nachwuchs eines Murmeltiers nennt man „Affe" bzw. „Äffchen", der Nachwuchs eines Tigers ist ein „Welpe".

Ganz schön cool

Was es nicht alles gibt. Königspinguine sind die einzigen Tiere, die während des eiskalten arktischen Winters brüten. Während die Weibchen die meiste Zeit im Wasser mit der Nahrungssuche beschäftigt sind, sind die Männchen fürs „Austragen" verantwortlich. Bei Temperaturen bis zu unter 60 Grad kauern sich die Männchen in wärmenden Gruppen zusammen – und immer wieder wechseln die außen stehenden nach innen, damit sie nicht die ganze Zeit als Schutzschilde der direkten Kälte ausgesetzt sind.

Pinguine können mithilfe ihres besonderen Gefäßsystems die Temperatur ihrer Füße regulieren und diese so permanent ein bis zwei Grad über dem Gefrierpunkt halten. Die Eier werden so lange in einer Hautfalte auf den Füßen balanciert, bis die Küken geschlüpft sind und damit beginnen, selbstständig die Welt zu entdecken.

Schon gewusst?

Heißes Wasser gefriert schneller als kaltes.

Mission possible

„Ach, Herr Herr, siehe, du hast Himmel und Erde gemacht durch deine große Kraft und durch deinen ausgereckten Arm, und es ist kein Ding vor dir unmöglich."[10] Jeremia 32,17

Da sehe ich schwarz

Laut Statista gab es im Juli 2020 weltweit insgesamt 2.452 Kohlekraftwerke.[11]

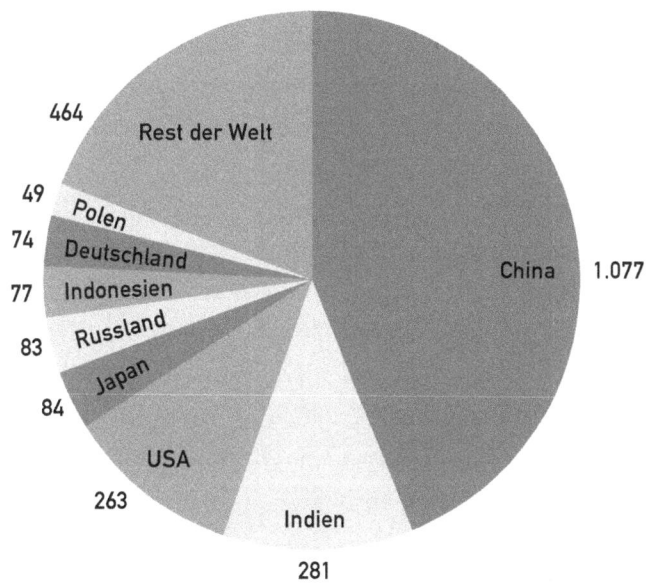

In Deutschland soll laut Ausstiegsbeschluss der Bundesregierung bis 2038 das letzte Kohlekraftwerk abgeschaltet werden – in China werden im Schnitt pro Woche zwei neue Kraftwerkblöcke genehmigt. Und die machen damit ganz schön viel Asche ...

»Es gibt keine richtige Art, die Natur zu sehen.
Es gibt hundert.«
Kurt Tucholsky
(dt. Schriftsteller, 1890–1935)

Das Aas im Ärmel

Vegetissimo. Jahrelang vegetiert der „Titanwurz" ziemlich unscheinbar im Unterwuchs des Regenwaldes vor sich hin. Nur alle zehn Jahre entscheidet sich die Pflanze zu blühen. Doch wenn dann endlich die Zeit gekommen ist, macht sie eine erstaunliche Verwandlung durch: Rund zehn Zentimeter am Tag schießt ihr gigantischer Blütenstand nach oben und erreicht schließlich die erstaunliche Höhe von bis zu drei Meter.

Und das ist keineswegs die einzige Besonderheit: Um Insekten für die Befruchtung anzulocken, hat sie einen ganz besonderen „Aas im Ärmel": Ihr Fortpflanzungsorgan verströmt einen übel stinkenden Aasgeruch und heizt sich auf 36 Grad Celsius auf. Durch die Wärme werden die entsprechenden Duftmoleküle schneller in der Luft verteilt. Nach nur zwölf Stunden ist dann das spektakuläre Naturschauspiel schon wieder vorbei. Die Wurz hat ihre Schuldigkeit getan, die Wurz kann eingehen.

*» Wir haben Geist und Vernunft
und können Gott erkennen.
Und wenn wir aufmerksam die Schönheit der
Schöpfung betrachten, so lesen wir in ihr die große,
allumfassende Vorsehung und Weisheit Gottes.«*
Basilius der Große
(türk. Bischof und Kirchenlehrer, 330–379)

Jetzt mal Luther bei die Fische!

Eine besonders kreative Aussage von Martin Luther lautet: „Glaube ist keine vernünftige Angelegenheit, sondern ein Trunkenwerden; Glaube ist der höchste Ekstasezustand des Menschen. "

Thinktank

Ein gigantisches Netzwerk aus 80 Milliarden Nervenzellen. 100 Billionen Synapsen. 10 Billiarden Prozesse pro Sekunde. Unser Gehirn ist ein unfassbarer menschlicher Computer und dazu noch viel schneller und leistungsfähiger.

Es ist das komplizierteste Organ, das die Schöpfung je hervorgebracht hat – ein eigenes Universum mit immenser Speicherkapazität und unglaublicher Lernfähigkeit. Es wiegt nur rund 2 Prozent unseres Körpers, verbraucht aber in etwa 20 Prozent der Nahrungsenergie und 15 Prozent der Herzleistung. Energieeinsatz, der sich lohnt!

Schon gewusst?
Faultiere verbringen am liebsten ihre Tage kopfüberhängend an einem Ast.

Lange Matte

Der Moschusochse hat mit über 100 Zentimetern die längsten Haare eines Säugetieres.

Lass dich nur nicht täuschen

Die Schöpfung hat viele schöne Pflanzen hervorgebracht und auch viele sehr skurrile, die sich tarnen und sich als etwas anderes ausgeben, als sie in Wirklichkeit sind – um entweder nicht gefressen zu werden oder um selbst durch geschicktes Täuschen potenzielle Beute anlocken zu können. Und es gibt Pflanzen, die sehen einfach nur sehr kreativ oder witzig aus.

- Die nach Orange duftende „Affen-Orchidee" wächst in Ecuador und Peru und man kann an der *Dracula simia* das Gesicht eines Primaten erkennen.

- In Australien ist eine andere skurrile Orchidee beheimatet; die *Caleana Major* hat den Spitznamen „Flying Duck Orchid", weil sie tatsächlich wie eine fliegende Ente aussieht.

- Die *Psychotria elata* wächst in den Wäldern Costa Ricas, Panamas und Kolumbiens und wird gerne auch als „Hooker's Lips" bezeichnet, weil ihre Blüte von oben an zwei sehr dicke Lippen von sogenannten leichten Mädchen erinnert – die sich übertrieben viel roten Lippenstift aufgetragen haben.

- In Botswana, Namibia und Südafrika sind besondere Sukkulenten beheimatet, die auch „Lebende Steine" genannt werden. Diese Pflanzen haben eine große Ähnlichkeit mit den Steinen, zwischen denen sie normalerweise wachsen, und sind so durch ihre Tarnung für pflanzenfressende Tiere nur sehr schwer zu finden. Und da in der Vegetationsphase meist nur die kleine steinartige Oberfläche der Pflanzen zu sehen ist, sind sie dadurch auch gut vor starker Sonneneinstrahlung geschützt.

Bescheidene Überzeugung

„Es ist unsere bescheidene Überzeugung, dass das Göttliche und das Menschliche einander begegnen in den kleinsten Details des nahtlosen Gewandes der Schöpfung Gottes, sogar im winzigsten Staubkorn unseres Planeten."

Papst Franziskus zitiert in seiner Enzyklika „Laudato si'" den griechisch-orthodoxen Patriarchen Bartholomäus.

Schon gewusst?

Nur rund 28,5 Prozent der Erde besteht aus Landmasse – die restlichen 71,5 Prozent sind von Wasser bedeckt.

Das dauert aber ...

Die tropische Rußseeschwalbe kann bis zu unglaublichen acht Jahren in der Luft bleiben. Sogar der heimische Mauersegler schafft es auf bis zu drei Jahre.

> *» Wir selbst müssen die Veränderung sein,*
> *die wir in der Welt sehen wollen. «*
>
> Mahatma Gandhi
> (ind. Rechtsanwalt und Pazifist, 1869–1948)

Woher hat der April seinen Namen?

April (lat. aprilis) heißt der vierte Monat des julianischen Jahres. Man nennt ihn wegen seiner Wetterkapriolen auch den Wandelmonat. Der Name stammt wohl vom lateinischen „aperire" = „öffnen" ab, was sich wiederum auf die Knospen und Blüten der Pflanzenwelt bezieht. Seit dem 8. Jahrhundert ist für den April auch der Name „Ostarmanoth" (später althochdeutsch Ostermond) belegt und kündet von einem der wichtigsten Kirchenfeste.

Einfach mal die Klappe halten

Krokodile können ohne Futter rund 30 Monate überleben.

Übrigens ...

Die einzige Frucht, die ihre Samen auf der Außenseite trägt, ist die Erdbeere. Pro Frucht sind das im Durchschnitt 200 Samen.

Lehrmeister Natur

Durch die Lotosblume, die Wassertropfen an sich komplett abperlen lässt, ist der sogenannte Lotus-Effekt bekannt geworden. Unter dem Mikroskop konnten Wissenschaftler bei der asiatischen Pflanze beobachten, wie sie das macht. Die Annahme, dass eine besonders glatte Oberfläche den Rutscheffekt auslöst, war falsch – stattdessen hat man herausgefunden, dass die Oberfläche durchaus rau ist: Viele winzig kleine Noppen bedecken die Blätter, mit jeweils etwas Wachs auf den Spitzen, was diese extrem glitschig macht. Die Kombination zwischen einer extrem feinen Struktur und den wasserabstoßenden Wachskristallen ist also für diese sehr kreative Art der Selbstreinigung verantwortlich. Kein Tropfen kann sich auf dieser Oberfläche halten. Sogar Schmutz, Staub, Schlamm oder andere Verunreinigungen werden von den abperlenden Tropfen von der Oberfläche der Lotosblume mitgenommen. Alles ist also nicht nur sauber, sondern rein!

Diesen Selbstreinigungseffekt hat man mittlerweile u. a. auch bei Tulpen und Kohlpflanzen festgestellt – und man kann ihn an den Flügeln von Schmetterlingen und Libellen finden.

Eine chinesische Weisheit

Wenn du auch täglich durch die Hallen der Macht wandelst, so trage doch in dir die Luft aus den Wäldern der Berge.

> *»In der gesamten Schöpfung sind geheime Heilkräfte*
> *verborgen, die kein Mensch wissen kann, wenn sie*
> *ihm nicht von Gott offenbart werden.«*
>
> Hildegard von Bingen
> (dt. Benediktinerin und Kräuterkundlerin, 1098–1179)

Jubelnde Sterne

„Er tat Gutes, gab euch vom Himmel her Regen und fruchtbare Zeiten; mit Nahrung und mit Freude erfüllte er euer Herz." (Apostelgeschichte 14,17) Christen dürfen sich immer wieder neu am Reichtum der Schöpfung erfreuen und staunen und dankbar Gottes Liebe, Pläne und Erlösung annehmen und teilen – als Bestätigung und Antwort auf die Freude Gottes selbst, wie es in Psalm 104,31 geschrieben steht: „Die Herrlichkeit des Herrn währe ewig, der Herr freue sich seiner Werke." In Psalm 148 loben und bejubeln u. a. die Gestirne des Himmels, die Bäume, die Tiere und alle Völker den Herrn dafür, dass er sie geschaffen hat.

Als regelmäßiges Nahrungsergänzungsmittel für den Alltag wird empfohlen: eine kleine Prise Staunen, ein Bund Liebe, einige Tropfen Zuversicht, eine Scheibe Dankbarkeit sowie ein riesengroßes Stück Freude!

Schon gewusst?

Der Plural von Klima heißt Klimas, Klimata oder Klimate.

Nass gemacht!

80, 60 oder 40 Prozent? Wie viel Prozent des Wassers auf der Erde ist wohl direkt trinkbar? Das ist fast unglaublich – denn bei 70 Prozent des weltweiten Wassers handelt es sich um Salzwasser. Bleiben 30 Prozent Süßwasser an Land. Davon ist wiederum nur ein ganz kleiner Teil Frischwasser, nämlich 2,5 Prozent. Aber nur knapp die Hälfte davon, also etwa ein Prozent ist flüssig und direkt zugänglich. Der Rest ist in Gletschern eingeschlossen, also in Eisform gebunden. Insgesamt sind damit tatsächlich nur rund 0,007 Prozent des Wassers auf der Erde direkt trinkbar. Ist das nicht erstaunlich?

In Deutschland stammt übrigens der Großteil des Trinkwassers aus Grundwasser, 15 Prozent werden aus Seen und Talsperren entnommen, 10 Prozent stammt aus Quellwasser und 2 Prozent aus Flüssen.

Übrigens ...

Die Lichtgeschwindigkeit beträgt rund 300.000 Kilometer in der Sekunde (299.792,458 km/s) – das sind über eine Milliarde Stundenkilometer (1.079.252.848,8 km/h). Ein Lichtjahr sind demnach rund 9,5 Billionen Kilometer (9.460.730.472.580,8 km) – so viel legt das Licht in zwölf Monaten zurück. Einfach unvorstellbar!

Neun von Zehn

Die Antarktis hat das raueste und kälteste Klima der Welt – fast das ganze Land ist komplett von Eis bedeckt, das durchschnittlich zwei Kilometer (!) dick ist. Neunzig Prozent des gesamten Eises auf der Erde befindet sich in der Antarktis. Würde dieses Eis komplett schmelzen, so stiege der Meeresspiegel weltweit um sagenhafte 60 Meter an. Und das wäre überhaupt nicht cool ...

Schon gewusst?

Rund um den Globus begeben sich Jahr für Jahr rund 55 Milliarden Zugvögel auf Flugwanderschaft – immer der Sonne entgegen in wärmere Gefilde.

Aller guten Dinge sind drei

„Die Schöpfungsberichte im Buch Genesis ... deuten an, dass sich das menschliche Dasein auf drei fundamentale, eng miteinander verbundene Beziehungen gründet: die Beziehung zu Gott, zum Nächsten und zur Erde."

Papst Franziskus in der Enzyklika „Laudato si'"

Rund und über Kreuz

Die Dornenkrone, die Jesus bei der Kreuzigung auf seinem Kopf trug, könnte aus den beiden Sträuchern Kreuzdorn oder Weißdorn bestanden haben – römische Soldaten hatten sie geflochten, ihm aufgesetzt und ihn damit verspottet. Kreuzdorn und Weißdorn werden auch als Kreuzholz oder Christdorn bezeichnet.

Zur Sprache gebracht ...

Gott heißt auf:
Albanisch – „Zoti"
Armenisch – „Astvats"
Dänisch – „Gud"
Finnisch – „Jumala"
Griechisch – „Theós"
Haitianisch – „Bondye"
Indonesisch – „Tuhan"
Irisch – „Dia"
Japanisch – „Kami"
Koreanisch – „Hananim"
Kroatisch – „Bog"
Lettisch – „Dievs"
Portugiesisch – „Deus"
Rumänisch – „Dumnezeu"
Tadschikisch – „Xudojo"
Tschechisch – „Bůh"
Zulu – „Unkulunkulu"

Echte Hauer

Die Schöpfung hat viele interessante und durchaus skurrile Tiere hervorgebracht, die uns staunen oder schmunzeln lassen. Beispielsweise lebt in Ost-Zentralchina und auf der Koreanischen Halbinsel das „Wasserreh". Die oberen Eckzähne des Männchens sind um rund sieben Zentimeter verlängert und mit diesen Hauern sieht das recht scheue Tier aus wie ein Vampir.

>*»Der Mensch hat viele Fähigkeiten, aber das größte Talent entwickelt er bei der Vernichtung der Natur.«*
>
> Rumi
> (pers. Mystiker, 1207–1273)

Foul!

Der Gepard bringt seine Beute zu Fall, indem er ihr ein Bein stellt.

So viel Regen …

Auf dem Berg Wai'ale'ale auf Hawaii regnet es an rund 350 Tagen im Jahr. Der Gipfel des 1.569 Meter hohen Wai'ale'ale ist ganzjährig durch Wolken verhangen. Sehr gleichmäßige, feuchte, nordöstliche Passatwinde treffen auf die steile Nordostflanke des Berges, deren Hänge eine durchschnittliche Neigung von über 110 Prozent aufweisen. Dadurch entstehen aufsteigende Hangwinde, wobei das reichlich enthaltene Wasser als Steigungsregen abregnet.

Nomen est omen

Was es doch nicht alles für lustige und kreative Namensbezeichnungen gibt, für Lebewesen aller Art: Eine Amöbe trägt beispielsweise den Namen „Chaos chaos". Geißeltierchen spielen eine wichtige Rolle in der Nahrungskette; eine planktisch lebende Gattung heißt „Cafeteria". Eine Rochenart, die elektrische Schläge abgeben kann, wurde nach der schwedischen Hausgerätefirma „Electrolux" benannt. Die Pilzgattung „Imperator" erhielt ihren Kaisertitel aufgrund ihres prachtvollen Fruchtkörpers. Und es gibt eine Prachtlibellengattung, die sogar nach einem Musikalbum von Pink Floyd benannt wurde: „Umma gumma".

Sogar dem römischen Cäsar wurde indirekt ein Name gewidmet – eine im pazifischen Ozean auf den Marquesas-Inseln ausgestorbene Papageienart wurde nach seinem wohl berühmtesten Zitat benannt: „Vini vidivici".

Einfach tierisch ...

Auch der Mensch ist ein Schöpfer, vor allem in der deutschen Sprache macht sich das bemerkbar; hier gibt es u. a. eine große Vielfalt an kreativen und humorvollen Bezeichnungen, die Tiernamen miteinbeziehen und dadurch Mitmenschen entsprechend kurz und knackig charakterisieren. Da ist für jeden etwas dabei:

Lackaffe, Seebär, Sündenbock, Frechdachs, Hupfdohle, Schnapsdrossel, Schmutzfink, Blindfisch, Sparfuchs, Immobilienhai, Neidhammel, Angsthase, Platzhirsch, Naschkatze, Unschuldslamm, Baulöwe, Hornochse, Leseratte, Rampensau, Dreckspatz, Schluckspecht, Spaßvogel, Bücherwurm.

> *»Je tiefer man die Schöpfung erkennt,*
> *um so größere Wunder entdeckt man in ihr.«*
>
> Martin Luther
> (dt. Augustiner und Theologieprofessor, 1483–1546)

Alter Schwimmer

Der Grönlandhai kann 400 Jahre alt werden.

Eiskalt

Der kälteste Ort der Erde befindet sich in der Gegend um Wostok in der Antarktis – dort herrschen teilweise bis zu −88 Grad.

Manchem geht die Luft aus ...

Es gibt etliche Könner im Tierreich, die mit Luft im Bauch doch tatsächlich so einiges anfangen können.

Seekühe ernähren sich hauptsächlich von Seegras und produzieren reichlich den „Treibstoff" Methan. Sie machen sich ihre Blähungen zunutze und der Karibik-Manati kann sich mithilfe von kleinen Gasdepot-Taschen im Darm an der Oberfläche schwerelos treiben lassen. Durch reguliertes Pupsen können sie entsprechend absinken und so die Tauchhöhe bestimmen.

Auch der Sandtigerhai nutzt die Fähigkeit mithilfe von Luft seine Lage im Wasser zu stabilisieren. Er schluckt aktiv Luft, speichert sie im Magen und lässt sie dann über das Hinterteil so entweichen, wie es für ihn unter Wasser notwendig ist.

Forscher fanden auch heraus, dass der atlantische und der pazifische Hering mit hoher Frequenz gut wahrnehmbar pupst, und so mit anderen Artgenossen im Schwarm entsprechend kommunizieren kann.

Die Arizona-Korallenschlange wiederum kann besonders laut und knallend Furzen – sie setzt dieses „Instrument" gegen Feinde als überraschende Waffe ein, um diese einzuschüchtern und zu vertreiben. Dazu saugt sie saugt erst sie Luft in ihre Kloake und lässt diese dann bei Bedarf wieder mit einem großen Knall entweichen.

Bäreit für das Extreme

Das klitzekleine „Bärtierchen" wird höchstens einen Millimeter groß, bewegt sich sehr langsam und tapsig wie ein Bär und sieht aus wie ein alter gefüllter Staubsaugerbeutel. Es ist ein absoluter Anpassungs- und Überlebenskünstler – extreme Kälte, absolute Trockenheit, Sauerstoffmangel und selbst radioaktive Strahlung machen ihm nichts aus. Aber auch hohen Druck oder das Vakuum im Weltall kann das achtbeinige „Bärtierchen" überleben. Es ist das einzige Tier, bei dem dies bislang bekannt ist.

Dank seiner Eigenschaft, der sogenannten Kryptobiose, kann es extremen Umweltbedingungen trotzen; das Wasser in den Zellen wird nämlich durch Proteine ausgetauscht. Es harrt in diesem trockenen Zustand so lange in einer Art todesnahem Zustand aus (in dem sich keinerlei Stoffwechselaktivität mehr registrieren lässt), bis sich die Lebensumstände wieder ändern und das „Bärtierchen" normal weiterleben kann. Bärenstark!

Hält ein Leben lang!

„Groß sind die Werke des Herrn; wer sie erforscht, der hat Freude daran." Psalm 11,2[12]

> »Weh dem Menschen, wenn nur ein einziges Tier im Weltgericht sitzt.«
> Christian Morgenstern
> (dt. Schriftsteller und Dichter, 1871–1914)

Schon gewusst?

Im Laufe des Lebens produziert der Mensch rund 68 Liter Tränenflüssigkeit – zur Reinigung der Augäpfel und um zu weinen.

So ein Druchienander!

Im Buch Genesis bzw. 1. Mose 1,2 heißt es in der Einheitsübersetzung über die Erschaffung der Welt: *„Die Erde war wüst und wirr und Finsternis lag über der Urflut und Gottes Geist schwebte über dem Wasser."*[13]

Und in der Lutherbibel heißt es am Anfang von Vers 2: *„Und die Erde war wüst und leer ..."*[14]

Zu Beginn war die Erde also zunächst „wüst und wirr bzw. leer" – es war ein großes „Tohuwabohu" (hebräisch tōhū wā-'ōhū), ein Mangel an Struktur und Ordnung, in das hinein Gott dann schrittweise die Basis für ein funktionierendes Lebensumfeld schuf.

Das hebräische „tōhū" kann man mit Leere bzw. Öde übersetzen – und „'ōhū" bedeutet so viel wie Chaos bzw. ungeordnet sein. Mit „Tohuwabohu" ist also das urzeitliche Chaos vor der Schöpfung gemeint. Im heutigen Sprachgebrauch bezeichnet man damit einfach kurz und knackig ein großes heilloses Durcheinander.

Einfach ganz natürlich ...

In der Natur finden und fördern wir Menschen unser Wohlbefinden. Frische Luft und Bewegung versorgen nicht nur das Gehirn mit Sauerstoff und kurbeln die mentale Leistungsfähigkeit an – der Sauerstoff tut dem ganzen Körper gut. Der Aufenthalt in der Natur hilft auch bei der seelischen und körperlichen Erholung und kann sich auf Krankheitsverläufe positiv auswirken. Für die Entwicklung kognitiver, motorischer und sozialer Fähigkeiten von Kindern sind regelmäßige Aktivitäten im Freien besonders wichtig. Also – nix wie raus an die frische Luft!

Woher hat der Mai seinen Namen?

Forscher nehmen an, dass der Mai nach dem römischen Wettergott Maius bzw. der Wachstums- und Frühlingsgöttin Maja benannt wurde. Das lateinische Wort „maiores" hat die Bedeutung „erwachsene Männer" – ist also dem Alter gewidmet.

Übrigens ...

700 Meter lang, 300 Meter breit und 70 Meter hoch – die Höhlenkammer Lubang Nasib Bagos in Sarawak in Malaysia ist die größte der Welt. In ihr hätten rund 37.500 Autos Platz.

Schon gewusst?

Das Okapi sieht aus wie eine Giraffe mit kurzem Hals – seine Beine und Hinterbacken sind gestreift wie bei einem Zebra.

Dafür steh ich mit meinem Namen!

„Blutströpfchen", „Buchdrucker", „Dickkopf", „Landkärtchen" und „Eselsohr" sind tatsächlich Tiere. Das „Blutströpfchen" ist ein kleiner Schmetterling und hat seinen Namen von karminroten Flecken auf seinen schwarzblauen Vorderflügeln. Der „Buchdrucker" ist ein Borkenkäfer, der mit seinen der Eiablage dienenden Gängen ins Holz eine Art Druckbild nagt. Beim „Dickkopf" handelt es sich um eine Schmetterlingsart mit einem kleinen gedrungenen Körperbau. Das sogenannte „Landkärtchen" ist ein Falter, der auf den Unterseiten der Flügel kleine Muster aufweist, die an eine Landkarte erinnern. Und das „Eselsohr", wer hätte das gedacht, ist ein essbarer Pilz – wegen der charakteristischen Ohrform seines Fruchtkörpers hat er seinen kreativen Namen erhalten.

»Die Welt hat genug für jedermanns Bedürfnisse,
aber nicht für jedermanns Gier.«
Mahatma Gandhi
(ind. Rechtsanwalt und Pazifist, 1869–1948)

Der kleine, aber feine Unterschied

Reispapier wird nicht aus Reis hergestellt, sondern es wird aus der Reispapierpflanze gewonnen.

So ein Drückeberger!

Die sogenannte Wabenkröte lebt in trüben Flüssen des tropischen Südamerikas. Da sie keine Zunge hat, sucht sie mit den Fingern auf dem Grund nach Nahrung. Bei der Paarung fasst das Männchen das Weibchen um den Bauch und beide machen zusammen während des Liebesspiels Loopings unter Wasser. Wenn das Weibchen in Rückenlage ist, legt es ihre Eier ab und das Männchen drückt diese mit den Hinterbeinen und seinem Bauch gegen den schwammigen weichen Rücken des Weibchens. Dort stecken die Eier dann tief und fest wie in Waben und werden schließlich von der Rückenhaut der Mutter überwachsen.

In jeder Wabe schlüpft eine Kaulquappe aus dem Ei und nach einigen Wochen drücken die kleinen vollentwickelten Kröten die Deckel ihrer Eihülle auf und schwimmen ins Freie. Zurück bleibt die Mutter mit einem Rücken voller runder Löcher. Wabenhaft!

Wie Sand am Meer

Die längsten Sanddünen der Welt gibt es in Zentralalgerien. Dort wurden Gebilde mit einer Länge von bis zu 5 Kilometern Länge gemessen.

Prima Klima!

Zu einem Termitenstaat können mehrere Millionen Tiere gehören. Im Verhältnis zu ihrer Körpergröße von 2 Millimetern bis 2 Zentimetern errichten diese Schaben die größten Bauten aller Landtiere. Termitenhügel bestehen aus Erde, Zellulose (zerkautem Pflanzenmaterial) sowie Speichel und auch Kot – diese kunstvollen Bauwerke können bis zu sieben Meter hoch aus der Erde ragen. Termiten schaffen es, in ihren Bauten das empfindliche Gleichgewicht von Temperatur und Luftfeuchtigkeit im Inneren zu erhalten, ohne die Bewegung der verbrauchten Luft nach außen und der Frischluft nach innen zu behindern. Eine ideale Klimaanlage!

Die Termitenkönigin lebt in einer Kammer mitten im Termitenbau und legt täglich bis zu 25.000 Eier. Der König und die Königin eines Termitenstaates können 20 Jahre alt werden, die Arbeiter und Soldaten hingegen leben nur zwei bis drei Monate.

»Alle Geschöpfe der Erde fühlen wie wir,
alle Geschöpfe streben nach Glück wie wir.
Alle Geschöpfe der Erde lieben,
leiden und sterben wie wir,
also sind sie uns gleich gestellte Werke
des allmächtigen Schöpfers – unsere Brüder.«
Franz von Assisi
(it. Ordensgründer, 1181–1226)

Alles nur Lug und Trug ...

Manche Tiere sehen gar nicht wie Tiere aus, sondern wie etwas, das ihre Feinde nicht mögen. Der sogenannte „Fetzenfisch" gehört zu den Seepferdchen und hat ein sehr zerfleddertes Äußeres; er sieht damit aus wie die rotbraunen Algen, zwischen denen er lebt. „Wandelnde Blätter" gehören zur Ordnung der Gespenstschrecken und sind pflanzenfressende Insekten. Sie sehen aus wie Blätter mit Mittelrippe und Blattadern, selbst mit Flecken, die wie Löcher aussehen, und mit braunen Stellen sind sie ausgestattet, um ihre Feinde zu täuschen. Und die fliegenden „Buckelzirpen" wiederum sind kaum als Insekten zu erkennen, wenn sie still auf einem Ast sitzen. Diese Art gleicht Rosendornen und erscheint Vögeln daher kaum schmackhaft.

Dasselbe gilt für den Hornissenschwärmer – ein Schmetterling, der wie eine Hornisse aussieht und sogar entsprechend summt. Jedes Tier, das schon einmal von einer Hornisse gestochen wurde, geht diesem aus dem Weg. Diese Art der Nachahmung nennt man Mimikry.

Übrigens ...

Der indische Elefant ist kleiner als der afrikanische und er hat auch die im Verhältnis kleineren Ohren.

We are the world

„Denn wir sind sein Werk, geschaffen in Christus Jesus zu guten Werken, die Gott zuvor bereitet hat, dass wir darin wandeln sollen."[15] Epheser 2,10

Ach du liebes Früchtchen ...

Einige Pflanzen haben recht skurrile Früchte, die unterschiedlichste Assoziationen wecken. Die Früchte der sogenannten „Kuheuterpflanze" beispielsweise sehen aus, als ob sie aus Kunststoff wären; sie haben die Form von Birnen – die Pflanze wird auch „Nippelfrucht" oder „Zitzenförmiger Nachtschatten" genannt. Der in ganz Afrika verbreitete „Leberwurstbaum" bildet bis zu 60 cm lange und bis zu acht Kilogramm schwere schlauchförmige Früchte, die wie überdimensional geartete Würste aussehen. Und auch die mit markanten Dornen versehenen Früchte der „Wassernuss" lassen der Fantasie viel Spielraum und man kann entweder einen Bullenkopf oder eine Fledermaus erkennen.

Zusammenfluss

Die beiden indischen Flüsse Ganges und Brahmaputra bilden mit rund 130.000 Quadratkilometern das größte Flussdelta der Erde.

Na I tur I wun I der, das

Eine ganz besondere und ungewöhnliche Eigenschaft der Natur oder ein ganz spezielles, durch die Natur selbst entstandenes Objekt, das besonderes Erstaunen oder Bewunderung auslöst.

Aufgrund einer weltweiten Umfrage werden folgende sieben Naturerscheinungen als die aktuellen sieben „Weltwunder der Natur" bezeichnet: der Amazonas in Südamerika, die Halong-Bucht in Vietnam, die Iguazú-Wasserfälle im Grenzgebiet zwischen Argentinien und Brasilien, die Vulkaninsel Jejudo in Südkorea, die Insel Komodo in Indonesien, der Tafelberg in Südafrika und der Puerto-Princesa-Subterranean-River-Nationalpark auf den Philippinen.

Aber auch die sehr prägnanten und bekannten Naturerscheinungen wie der Grand Canyon in den Vereinigten Staaten von Amerika oder das vor der Küste Australiens liegende Great Barrier Reef gelten als Naturwunder.

> *»Unser Schöpfer hätte niemals so wundervolle Tage*
> *geschaffen und uns das Herz gegeben, um sie,*
> *fern und abseits jeder Vernunft, zu genießen,*
> *wenn wir nicht unsterblich wären.«*
>
> Nathaniel Hawthorne
> (amerik. Schriftsteller, 1804–1864)

Wood you believe ...

Neben ihrer Funktion als Klimaanlage, Erosionsschutz und Wasserspeicher produzieren Wälder Sauerstoff und speichern etwa die Hälfte des auf der Erde gebundenen Kohlenstoffs. Alleine in Deutschland sind das rund 3,3 Milliarden Tonnen – das entspricht fast 12 Millionen Tonnen CO_2.

In Deutschland sind knapp 11,5 Millionen Hektar mit Wald bedeckt – also fast ein Drittel der Gesamtfläche. Die am häufigsten vorkommenden Baumarten sind Kiefern und Fichten.

Schon gewusst?

Schnecken haben zwischen 1.000 und 15.000 Zähne – diese winzigen Gebilde sitzen alle direkt auf der Zunge.

The milky way

Die Milchstraße hat einen Durchmesser von 100.000 Lichtjahren und beinhaltet in etwa 100 Milliarden Sterne.

»Erst wenn der letzte Baum gefällt, wenn der letzte Fluss vergiftet, der letzte Fisch gefangen ist, werdet ihr feststellen, dass man Geld nicht essen kann.«
Weisheit der Cree-Indianer

Solche Flitz-Piepen!

Das schnellste Tier überhaupt ist der Wanderfalke – er erreicht im Sturzflug 340 Stundenkilometer. Danach folgt der Mauersegler mit 171 km/h, der Fächerfisch erreicht im Wasser 113 km/h und der Gepard ist an Land genauso schnell. Der Mensch, ob Athlet oder Sprinter, schafft es immerhin auf kurzfristig bis zu 44 Stundenkilometer.

»Alles Geschaffene trägt die Spuren des Schöpfers.«
Augustinus Aurelius
(alg. Bischof und Kirchenlehrer, 354–430)

Röslein rot

Die Rose war ab dem Mittelalter Symbolpflanze der Jungfrau Maria und galt als Zeichen der Verschwiegenheit – sie tauchte in ganz unterschiedlichen Formen und Darstellungen auf. Unter anderem wurden Beichtstühle mit geschnitzten Rosen verziert. Maria sieht man auf Abbildungen oft in einer Rosenlaube stehen. Auch die Redewendung, etwas in „sub rosa", also im Vertrauen zu sagen, hängt mit der Rose zusammen.

Das bekannte Weihnachtslied „Es ist ein Ros' (Reis = Zweig) entsprungen" bezieht sich auf Jesaja 11,1 und damit auf das Kommen Christi: „Es wird ein Spross hervorgehen aus dem Stamm Isais (Jesse) und ein Zweig aus seiner Wurzel Frucht bringen."

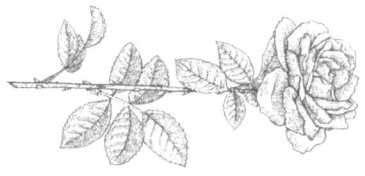

Schon gewusst?

In jedem Gramm Kot im menschlichen Körper leben mehr Bakterien als Menschen auf der Erde.

Dann hat es boom gemacht ...

Die Erdgeschichte ist unterteilt in verschiedene Zeitalter, die aufeinander folgen – geläufige Namen für solche Epochen sind beispielsweise „Quartär", „Kreide", „Jura", „Trias" oder „Karbon". Vor etwa 541 Millionen Jahren begann das geologische Zeitalter des „Kambrium", und was da geschah, ist sehr erstaunlich:

Bis dahin, also im sogenannten „Präkambrium", besiedelten lediglich Einzeller, Blaualgen und Mehrzeller mit weichen Körpern die Erde. Plötzlich gab es jedoch einen erstaunlichen Anstieg der Artenvielfalt und Komplexität des Lebens – völlig neue Strukturen, Skelette, Fortbewegungsmethoden, Körper und Lebewesen sind entstanden und man kann sich bis heute nicht erklären, was dies ausgelöst haben könnte.

Evolutionsforscher gehen ja generell von natürlicher Auslese, von Mutation und natürlicher Selektion aus – aber es fehlen in den entsprechenden Erdschichten die Funde und Beweise für entsprechende Zwischenschritte hin zu den ganz anderen und sehr komplexen Lebewesen; denn wie auf einen Schlag tauchen plötzlich völlig neue Tierstämme parallel nebeneinander auf mit sehr komplizierten inneren und äußeren Strukturen.

Es sind weltweit zahlreiche Fossillagerstätten ausgewertet worden, aber man hat keinerlei Spuren von den sogenannten „missing links" (fehlende Bindeglieder) gefunden. Immer mehr Experten und Wissenschaftler glauben daran, dass hier ein kreativer Plan dahinterstecken muss, denn sonst wäre diese „Kambrische Explosion" so überhaupt nicht möglich gewesen.

Gleich blüht dir was …

In den Wüstengebieten von Israel, Jordanien, auf dem Sinai und in Teilen Nordafrikas ist eine ganz besondere Pflanze beheimatet – die sogenannte „Rose von Jericho". Sie wird häufig nach dem Eitrocknen durch Winde aus ihrer schwach ausgeprägten Wurzelverankerung gerissen, kann durch ihre kugelige Form kilometerweit rollen, und sich beim Auftreten von Niederschlägen an neuen Standorten ansiedeln.

Mit den Rosen ist die „Anastatica hierochuntica" nur sehr entfernt verwandt; ihr Name erklärt sich vielmehr daher, dass man früher praktisch alle wertvollen Pflanzen als Rosen bezeichnete. Sie wird schon in der Bibel im Buch Sirach erwähnt. Nach der Legende hat Maria die Pflanze auf ihrer Flucht von Nazareth nach Ägypten gesegnet, daher wird sie auch „Rose der Heiligen Maria" genannt oder als die „Betenden Hände Marias" bezeichnet. Möglicherweise wurden die ersten dieser Wüstenrosen von Kreuzrittern nach Europa gebracht.

Jahrelange Trockenheit schadet ihnen nicht. Auf den ersten Blick scheint die Pflanze wie ein längst vertrocknetes Knäuel aus graubraunen Zweigen. Kommt sie in Kontakt mit Wasser, entfaltet sie sich zu einer wunderschönen Wüstenrose. Die „Rose von Jericho" wurde deshalb auch in Zusammenhang mit der Wiederauferstehung Christi gebracht.

*»Selbst wenn ich wüsste,
dass morgen die Welt unterginge,
würde ich heute noch ein Apfelbäumchen pflanzen.«*

Martin Luther
(dt. Augustiner und Theologieprofessor, 1483–1546)

Woher hat der Juni seinen Namen?

Der 30-tägige Juni leitet sich von lateinisch „mensis Iunius" ab, war also Iuno, der Gattin des Jupiters, geweiht. Iuno (= junge Frau) war die römische Himmelsgöttin, Göttin der Sterne und des Mondes und Schutzherrin der Stadt Rom. Sie galt als die Beschützerin von Ehe und Familie – und war persönlicher Schutzgeist der geschlechtsreifen Frau.

Eine andere Herleitung besagt, dass der Name auf die Bezeichnung „ioniores" (junge Männer) zurückgeht – als Pendant zum Mai, dem Monat, der dem Alter gewidmet ist.

Stadt, Land, Fluss

In Portugal befindet sich der sogenannte Cabo da Roca – es ist der westlichste Punkt des europäischen Kontinents. Island ist das am dünnsten besiedelte Land Europas; es leben dort nur 3,5 Einwohner pro Quadratkilometer. Monaco hingegen ist das am dichtesten bewohnte Land Europas mit über 19.000 Menschen pro Quadratkilometer. Und der längste Fluss Europas (im europäischen Teil Russlands) ist die Wolga mit 3.534 Kilometern.

»*Gott schuf alle Geschöpfe mit Liebe und Freundlichkeit, groß, klein, in menschlicher oder tierischer Form. Alle sind Kinder des Vaters und waren in seiner Schöpfung so perfekt, dass er jedem seine eigene Umgebung und seinen Tieren ein Zuhause voller Flüsse gab, schöne Bäume und Wiesen wie das Paradies selbst.*«

Franz von Assisi
(it. Ordensgründer, 1181–1226)

Yes, he can!

„Der Herr ist groß! Größer als alle Götter ist unser Herr! Alles, was dem Herrn gefällt, das vollbringt er, sei es im Himmel oder auf der Erde, im Meer oder in den tiefsten Tiefen.“[16]

Psalm 135,5–6

Übrigens ...

Der höchste Flieger ist der Sperbergeier – er bewegt sich in Afrika in bis zu 11 Kilometern Höhe.

Black and white

Auch wenn man es auf den ersten Blick nicht sieht und auch nicht glauben mag: Eisbären haben eine pechschwarze Haut. Das weiße Fell ist in der Arktis nicht nur eine perfekte Tarnung, es hat auch eine isolierende Wirkung und dient als eine Art Lichtleiter. Dunkle Haut absorbiert mehr Wärme als helle Haut. Das auf die weißen Haare treffende Sonnenlicht wird direkt auf die schwarze Haut geleitet und dort entsprechend in Wärmeenergie umgewandelt. Eisbären können über 90 Prozent des Tageslichts in Wärme umwandeln – Sonnenkollektoren haben nur eine Effizienz von rund 45 Prozent. Was 'ne Energieleistung!

Zur Sprache gebracht ...

Welt heißt auf:

Albanisch – „Botë"

Arabisch – „Ealam"

Aserbaidschanisch – „Dünya"

Baskisch – „Mundua"

Chinesisch – „Shìjiè"

Dänisch – „Verden"

Finnisch – „Maailman"

Griechisch – „Kósmos"

Haitianisch – „Mondyal"

Isländisch – „Heimur"

Kasachisch – „Älem"

Lettisch – „Pasaule"

Maori – „Ao"

Niederländisch – „Wereld"

Rumänisch – „Lume"

Thailändisch – „Lok"

Walisisch – „Byd"

Baum + Baum ist nicht = Wald

Mehrere Bäume nebeneinander machen noch keinen Wald. Man spricht erst dann von einem Wald, wenn sich im Inneren ein waldtypisches Klima entwickelt.

»Jeder dumme Junge kann einen Käfer zertreten.
Aber alle Professoren der Welt können keinen
herstellen.«
Arthur Schopenhauer
(dt. Philosoph, 1788–1860)

Gefrierbrand ausgeschlossen

Im Winter können Waldfrösche komplett einfrieren und dann im Frühjahr wieder auftauen. Im Herbst beginnt die Leber des nordamerikanischen Waldfrosches mit der Herstellung von Traubenzucker – der Blutzuckerspiegel ist dann bis zum Winter auf das bis zu 250-fache des natürlichen Wertes angestiegen. Während der Körper hart friert, dient die im Blut enthaltene Glukose als eine Art Frostschutzmittel, die alle lebenswichtigen Organe schützt und somit am Leben erhält.

84

Nicht alles Saure ist lustig

Im Osten der indonesischen Insel Java befindet sich in der Nähe der Stadt Banyuwangi der 2.769 Meter hohe Vulkan Ijen. Der rund 80 Meter tiefer gelegene türkisfarbige Kratersee gilt als das größte Säurefass der Erde. Das Wasser hat eine besonders hohe Konzentration an Schwefel- und Salzsäure – es hat den mit einer Autobatterie vergleichbaren PH-Wert.

Eins zu vierhundert

Weltweit gibt es schätzungsweise 3 Billionen Bäume. Ausgeschrieben sieht das wie folgt aus: 3.000.000.000.000 Stück. Auf jeden Menschen kommen statistisch gesehen somit rund 400 Bäume.

Übrigens ...

Ein Erwachsener hat in seinen rund sieben Litern Blut bis zu 25.000.000.000.000 (25 Billionen) rote Blutkörperchen – sie versorgen den Körper von der Lunge aus mit Sauerstoff.

Die Krone der Schöpfung?

Die Redensart „Der Mensch ist die Krone der Schöpfung" leiten viele direkt aus der Bibel ab, aber vor allem durch Aristoteles wurde die Denkweise in der Antike populär. Er versuchte, die unbelebte und die belebte Natur systematisch zu ordnen – und die seiner Meinung nach kompliziertesten Organismen wurden als die höchsten Lebensformen eingestuft. So kam der Mensch auf die oberste Stufe.

Im 1. Buch Mose erzählt die Schöpfungsgeschichte zunächst von der Erschaffung der Erde, des Gesteins, von den Pflanzen und Tieren und schließlich als Letztes vom Menschen, der „herrschen soll über die Fische im Meer und über die Vögel unter dem Himmel und über alles Getier, das auf Erden kriecht". Manche Ausleger sehen auch in Psalm 8,6 einen Hinweis auf die besondere Stellung des Menschen. Hier heißt es: „Du hast ihn (den Menschen) wenig niedriger gemacht als Gott, mit Ehre und Herrlichkeit hast du ihn gekrönt."

Also – lesen, Krönchen richten, nachdenken, alle Mitgeschöpfe achten und respektvoll und nachhaltig mit unser aller Schöpfung umgehen!

»Gott hat nie einen Unterschied gemacht zwischen schwarz, weiß, blau, rosa oder grün. Menschen sind einfach Menschen. Das ist die Botschaft, die wir zu verbreiten versuchen.«

Bob Marley
(jamaik. Sänger und Gitarrist, 1945–1981)

Biss zum Tod

Anglerfischmännchen sind rund zehnmal kleiner als die entsprechenden Weibchen. Wenn sie eine Sexualpartnerin gefunden haben, beißen sie sich an ihr fest, die Zähne und der Kiefer bilden sich langsam zurück und der Körper des Männchens beginnt mit dem Weibchen zu verwachsen – am Ende ernährt sich das Männchen vollständig über den Blutkreislauf des Weibchens. Bei solchen Zwangsehen sind Seitensprünge somit ausgeschlossen. Bis zu ihrem Tod lösen sich die beiden nicht mehr voneinander.

Schon gewusst?

Die einzigen Säugetiere, die fliegen können, sind die Fledermäuse.

Der Teufel täuscht!

Die „Teufelsblume" ist keine Blume, sondern eine Gottesanbeterin. Für ihre Opfer ist die ostafrikanische Fangschrecke kaum als Fressfeindin zu erkennen: Bräunliche Körperanhängsel lassen sie wie welkes Blattwerk erscheinen, eine Tarn-Strategie, die wissenschaftlich auch Mimese genannt wird.

Hunde, die bellen …

Präriehunde geben zwar bellende Laute von sich, gehören aber zur Gattung der Murmeltiere.

»Die Natur handelt nicht nach Zwecken, sie reibt
sich nicht in einer unendlichen Reihe von Zwecken
auf, von denen der eine den anderen bedingt;
sondern sie ist in allen ihren Äußerungen sich
unmittelbar selbst genug.«
Georg Büchner
(dt. Schriftsteller, 1813–1837)

Der macht aber richtig die Flatter!

Distelfalter können mit ihren kleinen Flügeln bis zu 15.000 Kilometer weit fliegen. Dachte man. Denn sie unternehmen viele lange Reisen und verbringen, je nachdem, woher sie kommen, den Winter über in Afrika, in wärmeren Gefilden. Dann aber haben Wissenschaftler herausgefunden, dass sich die Distelfalter auf dem langen Weg mehrmals vermehren, sodass eigentlich ihre Urenkel auf dem schwarzen Kontinent ankommen, und nicht diejenigen, die im europäischen Raum gestartet sind.

Wie sich diese Information intern verbreitet, dass sie nur auf der Durchreise sind und der Weg bis zum Ende fortgesetzt werden muss (und es danach auch wieder zurück geht), ist bis heute noch ein großes Rätsel.

Ach, wie süß!

Das größte Süßwasserreservoir der Erde befindet sich in einem See in Sibirien – es ist der rund 22.500 Kubikkilometer große und über 1.500 Meter tiefe Baikalsee. Er ist über 23 Millionen Jahre alt und enthält rund 22 Prozent des weltweit vorhandenen, flüssigen Süßwassers.

»Man genießt die Natur auf keine andere Weise so schön als beim langsamen, zwecklosen Gehen.«
Wilhelm von Humboldt
(preuß. Gelehrter und Schriftsteller, 1767–1835)

Da geht einem ein Licht auf

Wenn die Sonne besonders aktiv ist und die geladenen Teilchen des Sonnenwindes auf das Magnetfeld der Erde treffen, werden diese zu den Polen geleitet. Dort stoßen sie auf die Gase der Erdatmosphäre – und man kann am Himmel sogenannte Polarlichter sehen. Diese bunten und tanzenden Lichter erhalten ihre Farben durch den Sauerstoff in der Atmosphäre; in den höheren Schichten erscheinen sie rot, weiter unten sind sie grün.

Wenn die Teilchen auf den tiefer anzutreffenden Stickstoff prallen, sieht man die Polarlichter sogar in den Farben Blau oder Lila leuchten. Einfach schön und spektakulär.

Ganz schön schwergewichtig

Die Erde hat ein geschätztes Gewicht von 6.000 Trillionen Tonnen. Das ist eine sechs mit 21 Nullen.

Creatissimo!

„Der Himmel ist durch das Wort des Herrn gemacht und all sein Heer durch den Hauch seines Mundes."[17]   Psalm 33,6

Ganz schön prominent!

Neu entdeckte Tierarten zu benennen ist oft gar nicht so einfach – oft geht man nach ihrem Aussehen oder ihren Eigenschaften, nach ihren Entdeckern oder dem Ort, wo sie gefunden wurden. Einige erhalten aber auch die Namen bekannter Persönlichkeiten: Eine Laufkäferart mit stark ausgebildeten Gliedmaßen heißt „Agra schwarzeneggeri". Eine Meeresschnecke wird „Bufonaria borisbeckeri" genannt. Aufgrund des typischen Gangs ihrer Hinterbeine erhielt eine Langbeinfliege die Bezeichnung „Campsicnemius charliechaplini". „Elvisaurus" wiederum ist ein Dinosaurier mit einem Kamm, der einen unweigerlich an Elvis Presley denken lässt. Wie wohl „Hyloscirtus princecharlesi" aussieht, eine Froschlurchart, die 2012 nach dem damaligen Thronfolger und jetzigen britischen König Charles III. benannt wurde? „Nelloptodes gretae" ist ein Zwergkäfer mit zopfartigen Antennen, die an die Zöpfe von Greta Thunberg erinnern. Nach Mick Jagger, dem Sänger der legendären Rolling Stones, wurde eine Steinfliegenart aus burmesischem Bernstein benannt – sie hat die Bezeichnung „Petroperla mickjaggeri". Und wie könnte es anders sein, eine Schmetterlingsart aus der Familie der Palpenmotten, deren weißgelbe Kopfbedeckung an eine berühmte Frisur erinnert, erhielt den Namen „Neopalpa donaldtrumpi". Alter Falter!

Übrigens ...

Das Gehirn des bis zu neun Meter langen Dinosauriers Stegosaurus war nur so groß wie eine Walnuss.

Das Spektakel der meisten Wasserfälle

Im Dreiländereck Argentinien-Brasilien-Paraguay teilt sich der Fluss Iguaçu in sage und schreibe 275 einzelne Wasserfälle, die 80 Meter hinabstürzen.

> *»Glücklich, wer die Natur zur Freundin hat, sie ist ihm immer gegenwärtig.«*
>
> Johann Jakob Mohr
> (dt. Aphoristiker und Erzähler, 1824–1886)

Woher hat der Juli seinen Namen?

Der siebte Monat unseres Kalenders entstand zu Ehren Julius Caesars, dem Initiator des Julianischen Kalenders. Sein Geburtsmonat, der vorher Quintilis (lat. der Fünfte) hieß, wurde im Jahr 46 v. Chr. auf den Namen des römischen Imperators umbenannt. Ende Juli beginnen die sogenannten Hundstage – die Sonne steht in der Nähe des Sirius (Hundsstern).

Schon gewusst?

Das gestreifte Fell eines Tigers ist einzigartig, es ist wie ein Fingerabdruck. Auch die darunter liegende Haut ist gestreift – sie sieht aus wie tätowiert.

Vor Gott und vor Gericht sind alle gleich

Im Mittelalter verfestigte sich die Idee, dass auch Tiere eine Seele besitzen – und diese deshalb für ihre Handlungen verantwortlich gemacht werden können. Sie wurden wie Menschen behandelt, konnten vor Gericht als Zeugen auftreten und auch als schuldig verurteilt werden; Tiere sah man als vollwertige Mitglieder der Rechtsgemeinschaft an.

Man führte weltliche Prozesse gegen Nutztiere wie Hunde, Schweine, Hühner oder Rinder; gegen Schädlinge wie Holzwürmer, Maikäfer oder Heuschrecken hingegen wurden geistliche Prozesse vor bischöflichen Gerichten abgehalten.

So wurden die Tiere erst angeklagt, dann u. a. auch in Untersuchungshaft genommen und am Prozesstag dem Richter vorgeführt und Zeugen sowie Experten und Sachverständige gehört. Es gab für diese Tierprozesse professionelle Juristen, Ankläger und Verteidiger.

Ein Prozess wurde vertagt, weil die angeklagten Ratten laut Verteidiger auf dem Weg zum Gericht von hungrigen Katzen aufgehalten wurden und nicht kommen konnten. Schwangere Mäuseweibchen und minderjährige Insekten konnten auch mal begnadigt werden, Engerlinge wurden exkommuniziert oder Käfer zum Exorzismus verurteilt. Oft wurde den Tieren dasselbe zugefügt, was sie anderen angetan hatten. So wurde ein Schwein als Strafe am Bein verstümmelt, weil es an einem Freitag ein Kind gebissen hatte – das Schwein hatte die Fastenregeln verletzt, denn freitags war ja der Verzehr von Fleisch verboten. Nicht selten endeten Gerichtsverhandlungen jedoch mit der öffentlichen Hinrichtung am Galgen.

Schon gewusst?

Grönland gehört zum Königreich Dänemark, liegt im Atlantik und ist mit rund 2.300.000 Quadratkilometern die größte Insel der Erde.

I'm dreaming of a white Christmas ...

In Kalifornien gibt es Albino-Mammutbäume – wegen fehlendem Chlorophyll haben ihre Zweige weiße Nadeln. Da diese stattlichen Gebilde dennoch überleben, wird vermutet, dass sie von benachbarten Mammutbäumen über die Wurzeln mit dem lebenswichtigen Chlorophyll mitversorgt werden.

»Die Schöpfung ist ein Loblied,
die Wissenschaft buchstabiert es,
die Kunst singt es,
und das Leben trägt es durch die Zeit.«

Ernest Hello
(franz. Schriftsteller und Philosoph, 1828–1885)

Mensch – es liegt an dir!

Weltweit gibt es – Stand 2024 – insgesamt 227 ausgewiesene Weltnaturerbestätten der UNESCO, die sich rein auf den Naturschutz beziehen; weitere 39 Stätten sind ein Mix von Natur- und Kulturschutz.

Da guckst du

Die aktivsten Muskeln sowohl bei den Tieren als auch beim Menschen sind die Augenmuskeln – sie bewegen sich am Tag mehr als 100.000-mal.

Zeichensprache

Der Regenbogen ist für Christen ein sichtbares Zeichen dafür, dass Gott mit den Menschen einen Bund geschlossen hat. Im Buch 1. Mose 9,12–15[18] sagt Gott zu Noah:

„Als Zeichen dafür, dass ich meinen Bund mit euch, euren Nachkommen und allen anderen Lebewesen auf der Erde für immer einhalten werde, setze ich meinen Bogen in die Wolken. Er soll an den Bund zwischen mir und der Welt erinnern. Wenn ich Regenwolken über der Erde aufziehen lasse, dann wird der Bogen zu sehen sein, und ich werde an die Bundeszusage denken, die ich euch und allen Tieren gegeben habe: Nie wieder soll es eine Wasserflut geben, die alles Leben vernichtet."

Das berühmteste Fresko der Welt

Der 33-jährige Michelangelo (vollständiger Name: Michelangelo di Lodovico Buonarroti Simoni) erhielt am 10. Mai 1508 von Papst Julius II. den Auftrag, die Decke der Sixtinischen Kapelle neu zu gestalten. Am Abend vor Allerheiligen, am 31. Oktober 1512, konnten die ersten Besucher erstmals das sensationelle Gesamtwerk bestaunen.

Das wohl bekannteste Motiv, die Erschaffung Adams mit dem ausgestreckten Zeigefinger Gottes, gehört zu einem Zyklus von neun Einzelfresken, welche die Schöpfungsgeschichte bildlich umsetzen.

Michelangelo entschied sich für die schwierige „buon fresco"-Technik, bei der der Farbauftrag auf den noch feuchten Putz erfolgt. Dabei gehen die Pigmente mit dem Verputz eine chemische Reaktion ein und verbinden sich mit dem Untergrund dauerhaft und stabil. Michelangelo bemalte eine gewölbte Fläche von rund 40 Metern Länge und 13 Metern Breite mit insgesamt 343 Charakteren, davon 115 überlebensgroß – er hat die Figuren perspektivisch so verzerrt, dass sie trotz des Gewölbes für den Betrachter normal proportioniert erscheinen und die Rundungen des Gewölbes damit optisch aufgehoben sind. Eine körperliche und künstlerische Meisterleistung!

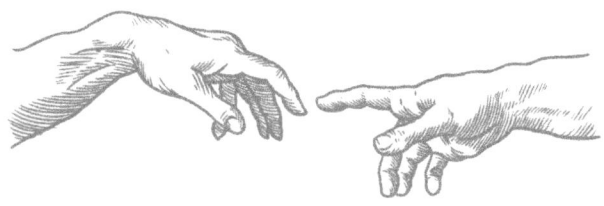

Tröpfche für Tröpfche …

Wasser galt schon in vorchristlicher Zeit als Zeichen der Gesundheit, der Fruchtbarkeit, der Reinigung und des Lebens. In der christlichen Taufe ist die Symbolik des Wassers aufgenommen worden – im 4. Jahrhundert wurde die Osternacht zur großen Taufnacht der Kirche. Aus Dankbarkeit zum kostbaren Wasser werden noch heute in vielen Orten Brunnen geschmückt und mit Eiern, Zweigen und bunten Bändern verziert – es sind die sogenannten Osterbrunnen.

Schon gewusst?

Beim Niesen verlässt die Atemluft mit rund 150 Stundenkilometern den menschlichen Körper.

Mordsmäßig groß

Die sogenannte „Mördermuschel" ist die größte und schwerste Muschel der Welt – die „Große Riesenmuschel" kann 140 cm lang werden und bis zu 400 Kilogramm wiegen.

Schon gewusst?

Der Kaiserpinguin ist der beste Taucher – er kann bis zu 250 Meter tief und fast 20 Minuten lang tauchen.

Der fließt am längsten

Der Nil ist mit 6.650 Kilometern der längste Fluss der Erde – er entspringt in Ruanda und mündet im Mittelmeer. Insgesamt elf Länder teilen sich seine Wasserressourcen.

Alles hat ein Ende, nur bei Gott gibt's keins

„Er hat alles schön gemacht zu seiner Zeit, auch hat er die Ewigkeit in ihr Herz gelegt; nur dass der Mensch nicht ergründen kann das Werk, das Gott tut, weder Anfang noch Ende."[19] Prediger 3,11

»Die Natur ist kein selbstständiges Wesen, sondern Gott ist Alles in seinen Werken.«
Johann Gottfried Herder
(dt. Schriftsteller und Theologe, 1744–1803)

Alle guten Gaben, alles was wir haben ...

Bereits Kain und Abel, die ersten beiden Söhne von Adam und Eva, feierten Erntedank. Kain opferte von den Früchten des Feldes, sein Bruder Abel brachte ein Tieropfer von den Erstlingen seiner Herde.

Schon im Alten Testament feierte man im Herbst die Früchte der Erde und der menschlichen Arbeit. Später gab es zwei Erntefeste: das Pfingstfest als Getreide-Erntefest und das Laubhüttenfest als Wein- und Gesamt-Erntedankfest.

Die Israeliten haben die ersten Früchte vor Gott gebracht. Das waren vor allem Getreide, Öl, Wein und die erste Schafschur der Saison. Diese Gaben waren ein göttliches Gebot. Die frühen Christen haben diese Symbolik für sich übernommen, um zum Ausdruck zu bringen, dass alles, was wir haben, zuerst Gott gehört.

Erntedank ist ein um 1770 offiziell ausgebildetes Fest zum Abschluss der Erntezeit. Es ist seit dem 3. Jahrhundert kirchlich belegt. Bei der Feldarbeit kam einst der allerletzten Garbe eine ganz besondere Bedeutung zu. Sie stand als sichtbares Zeichen dafür, dass nun offiziell alle Arbeit auf dem Acker beendet war. Nach dem Einzug des letzten Erntewagens blieb man zusammen, aß und trank und feierte ausgelassen die reiche Ernte. Man dankte einerseits für die empfangene Frucht, bat aber auch um kommende gute Erträge. Als Höhepunkt überreichten die Erntehelfer ihrem Dienstherrn einen „Ährenkranz" oder eine Erntekrone mit Segensspruch.

Total durchlässig

Der Dornteufel ist eine in der australischen Wüste lebende Echse, die Wasser durch die Haut aufnehmen kann – auch über ihre Füße.

Hallo, ist da noch jemand?

Immer mehr Tierarten sterben aus – im Jahr 1922 wurde in Nordafrika der letzte „Berberlöwe" gesichtet, der in Asien lebende „Syrische Wildesel" wurde 1928 zum letzten Mal gesehen und der ebenfalls in Asien beheimatete „Kaspische Tiger" wurde zuletzt 1997 beobachtet. Auch der vor China lebende „Jangtse-Delfin" wird vermisst – er wurde im Jahr 2004 das letzte Mal gesichtet.

Schon gewusst?

Der kleinste Baum der Welt ist die Polarweide – sie wird im Durchschnitt nur rund 3 bis 10 Zentimeter hoch.

Es ist tatsächlich alles Gold, was glänzt

Das größte massive Goldnugget der Welt wurde 1869 in Australien entdeckt – der sogenannte „Welcome Stranger" ist 61 cm lang und wiegt 72 Kilogramm. Wahnsinn!

Mein Freund, der Baum ...

Jedes Jahr stehen rund 30 Millionen frisch geschlagene Christbäume in den deutschen Wohnzimmern, auf Terrassen und Balkonen. Davon werden inzwischen nur noch rund 10 Prozent mit echten Wachskerzen bestückt und geschmückt.

Plastikweihnachtsbäume sind inzwischen auch immer mehr im Angebot – aber damit die künstliche Alternative tatsächlich umweltfreundlicher ist als die klassische Fichte, Kiefer oder Tanne, müsste man ihn mindestens 20 Jahre lang aufstellen.

Tatsächlich hängt die Tradition des Weihnachtsbaumes auch eng mit seiner Farbe zusammen. Grün symbolisiert Hoffnung und Leben. In der Bibel heißt es im Buch Hosea: „Ich will sein wie der grünende Wacholder; von mir erhältst du deine Früchte."[20] Als deutliches Bild der unwandelbaren Treue Gottes wird die Farbe hier gesehen und gebraucht.

Der immergrüne, pyramidenförmig gewachsene Nadelbaum zeigt mit der Spitze nach oben zum Himmel – und bringt so die Hoffnung und Hinwendung auf den lebendigen Herrn zum Ausdruck.

>*»Die Natur ist voller Genie, voll Göttlichkeit,*
>*sodass auch nicht eine Schneeflocke*
>*ihrer formenden Hand entgeht.«*
>Henry David Thoreau
>(amerik. Schriftsteller, 1817–1862)

Lange Laufzeit

Die Sonne braucht für eine komplette Umdrehung 25,38 Tage. Ein Sonnentag dauert somit fast einen ganzen Monat.

Obst oder Gemüse?

Obst sind Früchte oder Samen von mehrjährigen Sträuchern und Bäumen. Es ist die Keimzelle von Pflanzen und entsteht aus der Blüte. Obst wird üblicherweise roh verzehrt. Deshalb ist die Avocado ein Obst und die Nuss ebenso.

Gemüse hingegen kann man nicht so lange wie Obst ernten, sondern höchstens zwei Jahre – dann muss neu gesät oder gepflanzt werden. Gemüse geht nicht aus der Blüte, sondern aus anderen Pflanzenteilen hervor. Und es wird vor dem Verzehr meist gekocht oder anderweitig zubereitet. Die Melone ist also ein Gemüse, genauso wie der Rhabarber.

Ein kreatives Wort von Martin Luther

„Glaube ist der Vogel, der singt, wenn die Nacht noch dunkel ist."

Kleiner, aber mehr verbaut

Mäuse haben 225 Knochen – und somit 19 mehr als der Mensch.

Elementar wichtig

Die sogenannten Elemente sind die Bausteine unserer Welt – die physischen Bestandteile der gesamten Schöpfung. Es wurden auf der Erde bislang insgesamt 118 Elemente erkannt, beschrieben und nachgewiesen – Reinstoffe, die mit chemischen Methoden nicht mehr weiter in andere Stoffe zerlegt werden können. Die Elemente sind im Periodensystem systematisch dargestellt und nach steigender Kernladungszahl ihrer Atome angeordnet.

Noch bis weit ins Mittelalter war man der Auffassung, dass die Welt aus den vier Komponenten Luft, Wasser, Erde und Feuer aufgebaut ist. Bekannt waren seit der Antike nur die zehn Grundstoffe Kohlenstoff, Schwefel, Eisen, Blei, Kupfer, Zinn, Zink, Quecksilber, Silber und Gold. Erst später wurden nach und nach die anderen Elemente entdeckt, die Seltenen Erden beispielsweise erst im Laufe des 19. Jahrhunderts. 2010 wurde das letzte Element Tennessine (Ts) entdeckt und hat die Ordnungszahl 117 – es wurde zusammen mit Oganesson (Og, entdeckt 2006, Ordnungszahl 118) im November 2016 offiziell benannt und anerkannt.

Hoch die Hände, Berg-zu-Ende!

Wenn man mit der Höhenmessung am Fuß eines Bergmassivs beginnt, wäre der Himalaya mit seinen 8.849 Metern tatsächlich nicht der höchste Berg der Erde – denn bei ihm wurde die Höhe ab dem Meeresspiegel gemessen.

Der Vulkan Mauna Kea (weißer Berg) auf Hawaii hingegen beginnt in 5.998 Metern Tiefe im Pazifik und ragt 4.205 Meter aus dem Wasser – er ist also insgesamt 10.203 Meter hoch. Weltrekord!

Alles Bio, oder was?

An Pflanzen und Tieren kann man viele interessante und effiziente Strukturen und Prozesse beobachten und bestaunen. Die Erkenntnisse aus diesen genialen Konzepten der Natur werden seit einigen Jahren in der Bionik konsequent in technische Anwendungen und Lösungsstrategien umgewandelt. Der Begriff Bionik setzt sich aus den beiden Wörtern Biologie und Technik zusammen. Leonardo da Vinci gilt hier als einer der Pioniere. In seinem Manuskript „Über den Vogelflug" verwendete er seine Erkenntnisse aus der Beobachtung der Tiere für den Entwurf von Flugmaschinen sowie von einem Hubschrauber, bei dem ihm die beim Fallen sich drehende Frucht des Schneckenklees als Inspiration diente. 1920 wurde ein Salzstreuer nit seitlichen Öffnungen als erste bionische Erfindung patentiert; Raoul Heinrich Francé orientierte sich hierbei an der Samenkapsel des Mohns.

In der heutigen Analogieforschung wird versucht, die Lösung eines technischen Problems durch geeignete Vorbilder in der Natur zu finden. Anwendungsgebiete sind unter anderem: Architektur und Bauwesen, Konstruktion von Maschinen, Oberflächendesign, Verbundmaterialien, Robotik sowie Fortbewegung und Transportwesen

Wenn es dick von oben kommt

Das größte offiziell gemessene Hagelkorn hatte ein Gewicht von 900 Gramm und einen Durchmesser von 20 Zentimetern – es fiel im Juli 2010 in South Dakota in den Vereinigten Staaten.

Wie oft kommen folgende Worte in der Bibel vor?

In der Einheitsübersetzung von 2016 steht:
Erde – 848-mal
Welt – 267-mal
Schöpfung – 41-mal
Schöpfer – 38-mal
Natur – 12-mal
Erschaffung – 9-mal

Ausdauernd

Gehirnzellen werden mehr als dreimal so alt wie die Knochenzellen mit 20 bis 30 Jahren Lebensdauer.

Woher hat der August seinen Namen?

Dieser Monat wurde im Jahr der Reform des Julianischen Kalenders ebenfalls umbenannt – und zwar zu Ehren des ersten Kaisers des römischen Weltreiches, der von 31 v. Chr. an Alleinherrscher war. Er regierte in der Zeit, als Jesus geboren wurde. Seine Herrschaft mündete in eine lang anhaltende Zeit des Friedens. Er hieß Octavian (Gaius Octavius), sein Beiname war Augustus (der Erhabene). Ihm zu Ehren wurde aus dem alten Sextilis (lat. der Sechste) der Augusteische Monat. Um ihn dem ehemals fünften Monat gleichzusetzen, nahm man dem Februar einen Tag und fügte ihn dem August hinzu.

Mittendrin statt nur dabei

„Und Gott sprach: ‚Lasset uns Menschen machen, ein Bild, das uns gleich sei, die da herrschen über die Fische im Meer und über die Vögel unter dem Himmel und über das Vieh und über die ganze Erde und über alles Gewürm, das auf Erden kriecht.'" 1. Mose 1,26

Johnny be good

Johannes der Täufer hatte von einem gesprochen, der mit Feuer taufen würde – und damit meinte er Jesus. Sogenannte „Johannisfeuer" sind seit dem 12. Jahrhundert bekannt. Das Hinabrollen brennender Sonnenräder von Bergen und Hügeln sowie das Kreisen von Fackeln sollte ursprünglich das ewige Drehen des Jahres der Natur symbolisieren.

Auch auf vielen freien Plätzen versammelten sich die Menschen um große Holzfeuer. Damit wollte man den Sommer begrüßen und gleichzeitig darum bitten, alles gut wachsen zu lassen. Die Asche des erloschenen Feuers wurde auf den Feldern verstreut, um sie fruchtbarer zu machen.

Denkfehler Knolle

Die Kartoffel ist mit der Süßkartoffel nicht verwandt. Die Süßkartoffel zählt zur Familie der Windengewächse, die Kartoffel ist ein Nachtschattengewächs.

Schon gewusst?

Das größte Raubtier der Erde ist der Polarbär. Diese Eisbären können bis zu 330 cm groß und 500 Kilogramm schwer werden.

Echt der Knaller!

Sogenannte Knall- oder Pistolenkrebse sind in zweifacher Hinsicht staunenswert: Zum einen können sie mit ihren Scheren einen ohrenbetäubenden Knall erzeugen, mit dem sie Beute erlegen und Artgenossen beeindrucken – daher der Name.

Das Krustentier verfügt über eine weitere, weniger offensichtliche, aber nicht weniger rekordverdächtige Eigenschaft: Knallkrebse haben schnellere Augen als jedes Wirbeltier. Im Experiment konnten Tiere ein Flackern mit einer Frequenz von bis zu 160 Hertz erkennen.

»In einer einzigen Eichel liegt die Erschaffung von tausend Wäldern.«
Ralph Waldo Emerson
(amerik. Philosoph, 1803–1882)

Kalt, kalt, wärmer, heisssssss

Mitten im Pazifik, ungefähr 1.500 Kilometer östlich von Japan, liegt der flächenmäßig größte Vulkan der Erde – er befindet sich in über 6.000 Metern Tiefe komplett unter Wasser und hat eine Fläche von rund 300.000 Quadratkilometern. Das sogenannte Tamu-Massiv ist fast so groß wie Italien.

Bevor Vulkane ausbrechen, sammelt sich geschmolzenes Gestein mit bis zu 3.000 Grad Celsius unter der Oberfläche und drückt nach oben – dieses Gemisch nennt man Magma. Sobald es an die Erdoberfläche tritt, heißt es Lava und hat dann „nur" noch eine Temperatur von rund 1.000 Grad.

Schon gewusst?

Das einzige Land der Welt mit der Geburtenrate Null ist ... der Vatikan.

Hybrid reiten – ohne Laden!

Kreuzungen zwischen Pferden und Eseln bezeichnet man ganz allgemein als „Mulis". Eine Kreuzung aus Pferdehengst und Eselstute heißt „Maulesel", die Kreuzung aus Eselhengst und Pferdestute nennt man „Maultier".

Gute Freunde kann niemand trennen ...

Manchmal gibt es im Tierreich schon recht ungewöhnliche Arten der Fortpflanzung. Der „Palolowurm" ist ein rund 50 cm langer Ringelwurm, der in den Korallenriffen der südpazifischen Inseln lebt und sich versteckt hält. Nur im Oktober oder November, wenn auf der Südhalbkugel der Frühling beginnt, steigt er nachts an die Meeresoberfläche, um sich im wahrsten Sinne des Wortes zu vermehren.

Und das funktioniert so: Der hintere Körperabschnitt, der die Geschlechtszellen enthält, löst sich auf dem Meeresgrund vom Vorderkörper, treibt selbstständig zur Wasseroberfläche, platzt auf, gibt dort die Eier und Spermien für eine entsprechende Befruchtung frei und stirbt. Das ganze Ereignis dauert nur zwei bis drei Stunden. Die Vorderhälfte beginnt danach auf dem Meeresgrund das abgeschnürte Hinterteil wieder neu zu bilden. Frei treibende Larven, die überleben, setzen sich auf irgendeinem geeigneten Korallenstück ab und beginnen dort ihren eigenen Lebenszyklus. Was es nicht alles gibt!

Übrigens ...

Mit 29,8 Kilometern pro Sekunde umkreist die Erde die Sonne – das sind umgerechnet 107.280 Stundenkilometer.

Fifty – fifty

Deutschland ist in etwa 357.590 Quadratkilometer groß – das wäre ein Quadrat mit der Seitenlänge von knapp 598 Kilometern. Ungefähr die Hälfte davon wird für die Landwirtschaft genutzt. Die Hälfte dieser landwirtschaftlichen Fläche wird zu Futterzwecken verwendet – entsprechendes Grünland und Ackerland dient dazu, um die rund 200 Millionen Nutztiere zu ernähren. Für den menschlichen Verzehr werden neben tierischen Produkten vor allem Obst und Gemüse sowie Brotgetreide, Kartoffeln, Ölsaaten und Zuckerrüben produziert. Außerdem gibt es spezielle Anbauflächen für die Erzeugung von Bioenergie und Biorohstoffen.

Schon gewusst?

Eine Pythonschlange hat 600 Wirbel und insgesamt rund 1.800 Knochen.

Apfel-Mania

Weltweit gibt es unglaubliche 25.000 Apfelsorten. Der größte Produzent ist China mit rund 40 Tonnen im Jahr, danach folgen die USA und die Türkei mit jeweils 4,5 Millionen Tonnen.

Erlesenes über die Natur

»Wer die Natur betrachtet, wird vom Geheimnis
des Lebens gefangen genommen.«
Albert Schweitzer
(dt.-fr. Forscher, Arzt und Theologe, 1875–1965)

***

»Was helfen alle Schätze der Natur, wenn man sie nicht genießt.«
Theodor Gottlieb von Hippel der Ältere
(dt. Schriftsteller und Sozialkritiker, 1741–1796)

***

»Von der Natur gibt es kein Urteil; sie hat immer recht.«
Rainer Maria Rilke
(österr. Lyriker, 1875–1926)

***

»Warum soll die Natur mit Untergängen geizen,
da sie mit Aufgängen und Schöpfungen wuchert.«
Jean Paul
(dt. Schriftsteller, (1763–1825)

***

»Wollt ihr euch wohlfühlen, dann achtet darauf,
mit jeder Stimmung der Natur in Harmonie zu sein.«
Henry David Thoreau
(amerik. Schriftsteller, 1817–1862)

Ich habe Rücken!

Wenn man von Kamelen spricht, meint man eigentlich Trampeltiere – diese leben vorwiegend in Asien und haben zwei Höcker. Dromedare hingegen leben vorwiegend in Afrika und besitzen nur einen Höcker. Beide Tiere gehören jedoch zur Gattung der Kamele. Man kann sie also auch als einhöckrige oder zweihöckrige Kamele bezeichnen.

Die in den südamerikanischen Anden lebenden Alpakas, Guanakos, Lamas und Vikunjas haben alle keinen Höcker und gehören aber ebenfalls zur Familie der Kamele.

Übrigens ...

Delfine sind keine Fische, sondern Säugetiere. Genau wie die Wale sind sie Warmblütler und atmen durch die Lunge – deshalb müssen sie regelmäßig auftauchen und Luft schnappen.

Lauter Schreimatz

Der lauteste Vogel ist der südamerikanische „Fettschwalm", er erreicht eine Lautstärke von bis zu 100 Dezibel – das ist so laut wie eine Motorsäge.

I like your move

Die „Pfauenspinne" gibt bei einem Date ihr Bestes, um sich her-
auszuputzen und positiv aufzufallen – denn das Männchen stellt
bei der Balz seinen knallbunten Hinterleib und das dritte Bein-
paar effektvoll auf. In dieser Pose ist sie als Spinne kaum noch zu
erkennen.

Zur Sprache gebracht ...

Lebewesen heißt auf:
    Armenisch – „Eak"
    Chinesisch – „Shēngwù"
    Dänisch – „Væsen"
    Estnisch – „Olend"
    Griechisch – „Plásma"
    Hawaiisch – „Mea ola"
    Isländisch – „Vera"
    Japanisch – „Ikimono"
    Mongolisch – „Amitan"
    Niederländisch – „Schepsel"
    Norwegisch – „Skapning"
    Slowenisch – „Bitje"
    Sundanesisch – „Mahluk"
    Thailändisch – „Sìng mī chīwit"
    Turkmenisch – „Jandar"
    Zulu – „Isidalwa"

Ganz schön viel am Hals

Eine Giraffe hat sieben Halswirbel – und damit genauso viele wie der Mensch. Einige davon haben eine Länge von bis zu 40 Zentimetern. Der zwei bis drei Meter lange Giraffenhals wird durch eine sehr starke Sehne stabilisiert; sie geht vom Hinterkopf bis ganz hinunter zum Steiß.

Zusätzlich haben Giraffen eine sehr starke und ausgeprägte Muskulatur, die benötigt wird, um den Kopf nach unten zu bewegen – in der Ruheposition sind Hals und Kopf oben und die Muskeln sind entsprechend entspannt.

Erste Hilfe

„Ich richte meinen Blick empor zu den Bergen – woher wird Hilfe für mich kommen? Meine Hilfe kommt vom Herrn, der Himmel und Erde geschaffen hat. Er bewahrt deine Füße vor dem Stolpern; er, dein Beschützer, schläft niemals."[21]   Psalm 121,1–3

Eye-eye-eye!

Je nach Temperatur können Rentiere ihre Augenfarbe ändern. Im Winter, wenn es dunkel ist, ist die Iris blau – hingegen ist sie im Sommer bei entsprechender Helligkeit eher golden.

Der wahre Jakob …

Viele Pilger trugen und tragen noch heute die Schalen der Jakobsmuschel (Jakobus d. Ä. wohl bekanntestes Attribut) als Talisman an Hut oder Mantel mit sich herum.

Der Legende nach ritt einst ein junger Adeliger dem Schiff entgegen, mit dem der Leichnam des Apostels nach Spanien transportiert wurde. Der Reiter versank samt Pferd im Meer und Jakobus soll ihn auf wundersame Weise gerettet haben – er lag gerettet am Ufer und sein Körper war über und über mit Muscheln bedeckt. Seit dem Mittelalter dienen daher die unteren Schalen, die stärker gewölbten Klappen der Muscheln (Pecten jacobaeus) den Jakobspilgern als Erkennungszeichen – und zugleich als Nachweis der Pilgerschaft.

Die Muschel ist auch Symbol für Maria, weil sie die Perle Jesus in ihrem Schoß trug. Besonders im Mittelalter pilgerten viele Deutsche nach Santiago de Compostela – zu den Reliquien des Jakobus. Diese sahen verächtlich auf jene Wallfahrer herab, die den beschwerlichen Weg nach Spanien scheuten und lieber die näher gelegenen Gräber von Heiligen gleichen Namens aufsuchten – von denen jedoch keiner „der wahre Jakob" war.

Fell oder Pelz?

Wenn auf einem Quadratzentimeter Haut mehr als 50 Haare wachsen, spricht man von Fell. Bei mehr als 400 Haaren ist es laut Definition ein Pelz.

Leckerschmecker!

Die Passionsblume ist eine hochrankende Tropenpflanze, die einst den Namen Passiflora erhalten hat. Ende des 16. Jahrhunderts soll sie von spanischen Eroberern aus Brasilien und Peru nach Europa gekommen sein.

Die Passionsblume hat viele große Blüten, deren Kelchblätter mit der Dornenkrone Christi verglichen werden: die fünf Staubblätter bzw. Staubbeutel mit den Wundmalen, die Dolde mit dem Schwamm und der dreiteilige, an der Spitze verdickte Griffel mit den drei Nägeln der Kreuzigung. Die Früchte der Passionsblume sind sehr nahrhaft und beliebt – man kann sie überall bei uns kaufen. Es ist die ... Maracuja!

Schon gewusst?
Die Gesamtlänge aller Küsten der Erde beträgt rund 555.555 Kilometer.

Woher hat der September seinen Namen?

Da einst das römische Jahr mit dem März begann, war der September der siebte (lat. „septem") Monat des Jahres. Es war der siebte Zyklus im römischen Kalender, der mit dem März als erstem Monat begann.

Da ist kein Wurm drin!

Der Holzwurm ist kein Wurm, sondern ein Käfer. Seine Larven jedoch sind wurmartig und hinterlassen die bekannten Tunnel bzw. Gänge.

> *»Es gibt mehr Ding' im Himmel und auf Erden,*
> *als unsere Schulweisheit sich träumen lässt.«*
> William Shakespeare
> (engl. Dichter, 1564–1616)

Nichts vom Bäcker

Johannisbrot ist kein von Menschenhand geschaffenes Gebäck, sondern die essbare, getrocknete Schotenfrucht des Johannisbrotbaumes.

Der Johannistrieb ist der zweite Trieb vieler Holzgewächse, die Ende Juni nochmals zu blühen beginnen. Der Legende nach stand das Johanniskraut unter dem Kreuz Christi und jede Blüte fing einen Tropfen seines Blutes auf.

Attacke!

Bei heißem Wetter fliegen Schwalben höher, weil die leichten Insekten durch die warme, vom Boden aufsteigende Luft nach oben getragen werden und dort von den Vögeln geschnappt werden können.

Jetzt läuft sie los, die Pollen-Näse ...

Ungefähr die Hälfte aller Pflanzen weltweit werden über Pollen bestäubt bzw. befruchtet – vom Wind oder durch Tiere. Je nach Windverhältnissen kann der Pollenflug bis zu 300 Kilometer weit gehen. In einem Pollen ist das männliche Erbgut einer Pflanze enthalten. Schon eine einzige Roggenähre kann bis zu vier Millionen Pollen Blütenstaub aussenden.

In Deutschland gibt es über 10 Millionen Menschen, die allergisch sind gegen eine oder mehrere Pollenarten – kratzende Hälse, juckende Augen oder triefende Nasen sind die Reaktionen des Körpers auf die entsprechende Unverträglichkeit.

»Mir ist lieber, in einer von Geheimnissen umgebenen Welt zu leben als in einer, die so klein ist, dass mein Verstand sie begreift.«
Ralph Waldo Emerson
(amerik. Philosoph, 1803–1882)

Saug stark!!

Flughühner lassen ihren Nachwuchs trinken, indem sie sich bis zum Hals ins Wasser stellen, bis sich die Brustfedern mit dem kühlen Nass vollgesaugt haben. Wieder zurück im Nest angekommen, nuckeln dann die Küken das Federkleid entsprechend leer und stillen so ihren Durst.

Schon gewusst?

Biber sind Vegetarier, sie essen weder Fisch noch Fleisch. Ihre Leibspeise sind vor allem Wasserpflanzen, Wurzeln, Beeren und frische Baumrinden.

Miniaturwunderland

Die Schöpfung hat Erstaunliches zu bieten – Schönes, Erstaunliches, Ungewöhnliches, Kreatives, Witziges und auch allerlei Rekorde. Im feuchten Laub in den Regenwäldern Papua-Neuguineas lebt ein Frosch mit dem wissenschaftlichen Namen „Paedophryne amauensis". Er ist nur knapp 8 Millimeter lang und hat die Größe einer Stubenfliege.

Damit ist dieser dunkelbraune Engmaulfrosch mit seinen rostbraunen Flecken sowohl der kleinste bekannte Frosch als auch das kleinste bekannte allein lebensfähige Wirbeltier der Welt. Quaaak!

Ach, die Robbe!

Das größte Raubtier Deutschlands ist mit einem Gewicht von bis zu 600 Kilogramm und einer Länge von bis zu 260 Zentimetern die Kegelrobbe. Rund 10.000 leben vor allem an den Ost- und Nordfriesischen Inseln.

> *»Die Welt ist ein Buch und wer nicht reist,*
> *sieht nur eine Seite davon.«*
> Augustinus Aurelius
> (alg. Bischof und Kirchenlehrer, 354–430)

Na dann, guten Appetit!

In Deutschland werden von gewerblichen Schlachtunternehmen jährlich rund 7,7 Millionen Tonnen Fleisch produziert. So viele Tiere wurden dafür getötet:

2.500 Pferde
25.000 Ziegen
1.300.000 Schafe
3.500.000 Rinder
9.700.000 Enten
33.000.000 Puten
52.000.000 Schweine
625.000.000 Hühner

Mittendrin statt nur dabei!

Für viele Tiere ist ein Komposthaufen wegen seiner Feuchtigkeit und Wärme der ideale Lebensraum – hier findet man vor allem Kleintiere wie Schnecken, Würmer, Ohrwürmer und Tausendfüßler; aber auch Mäusen, Schlangen und Igeln bietet er Unterschlupf.

Ein Komposthaufen ist mehr als Abfall. Hier entsteht durch die Lebensweise und die Arbeit von Tieren, Bakterien und Pilzen nährstoffreiche Komposterde. Bakterien zersetzen die organischen Abfälle und erzeugen dabei hohe Temperaturen. Pilze wandeln das Material in Nährstoffe für Pflanzen um. Kleintiere wie Asseln, Milben und Würmer zerkleinern alles. Regenwürmer vertilgen übrigens pro Tag ihr eigenes Körpergewicht an toten Pflanzen. Es dauert etwa sechs Monate, bis aus der kleinen Düngerfabrik hochwertige Komposterde entstanden ist.

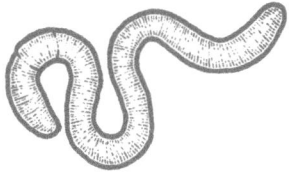

Übrigens ...

Wenn unser Blut durch die Venen zurück zum Herzen fließt, ist es purpurfarben und fast blau. Kommt es in Kontakt mit Sauerstoff, beispielsweise durch eine Verletzung, wird es sofort wieder rot.

Pilgerissimo!

Das Wort „pilgern" kommt vom Lateinischen „pergere" bzw. „per agere" und bedeutet soviel wie „jenseits des Ackers" oder „in der Fremde". Pilgern heißt also „unterwegs sein", „wandern", „in der Fremde sein".

Pilgern bedeutet, einen Weg in der Natur zu gehen, auf den man nicht immer gut vorbereitet ist und auf dem man Vertrauen sowie Achtung und Ehrfurcht vor der Schöpfung lernt.

> »*Jeder Tag ist ein kleines Leben.*«
> Arthur Schopenhauer
> (dt. Philosoph, 1788–1860)

Wenn vor Fliegen Fliegen fliegen

Die meisten Vögel ernähren sich von fliegenden Insekten und diese lieben und benötigen Wärme – und da ihnen die Wintermonate bei uns zu kalt sind, fliegen die Insekten langsam gen Süden. Die Vögel folgen dem Futter und ziehen ihnen hinterher. Pünktlich zur Brutzeit dann kehren unsere gefiederten Freunde wieder in den Norden zurück.

Zugvögel fliegen also im Winter nicht in den Süden wegen der Kälte, sondern sie ziehen dem Nahrungsangebot hinterher und wollen dorthin, wo es genügend zu futtern, zu picken, zu schnappen gibt.

Immer laaaaaangsam voran

Ein Negativrekord der besonderen Art: Das langsamste Tier der Erde ist das Faultier – im Vergleich mit der Weinbergschnecke, die drei Meter in der Stunde vorankommt, schafft das Faultier nur gemächliche 175 Zentimeter in 60 Minuten. Aber das ist gelogen, denn ein klitzekleiner Fisch ist sogar noch langsamer. Das Zwergseepferdchen ist nämlich mir nur 150 Zentimetern pro Stunde unterwegs.

Und selbst das stimmt noch nicht, denn der absolute Rekordhalter ist tatsächlich die Seeanemone! Obwohl ihr Name und Aussehen eher an eine Pflanze erinnern, gehört sie zu den sogenannten Nesseltieren. Seeanemonen leben vor allem in den Tropen. Scheinbar festgewachsen sitzen sie auf Steinen und fangen mit ihren Fangarmen Beutetiere. Doch um besser an Nahrung zu kommen, kriechen Seeanemonen auf den Steinen herum. Dies tun sie mit sagenhaft laaaaaangsamen acht Zentimetern in der Stunde. Wow!

Schon gewusst?

Nilpferde (auch Flusspferde oder Hippopotamus genannt) sind keine Pferde, sondern gehört zur Gattung der schweineartigen Tiere.

123

Im Namen des Volkes

Der Mensch hat den Tieren Namen gegeben und es ist durchaus kreativ, wie es überhaupt zur einen oder anderen Bezeichnung gekommen ist.

Das Walross ist kein Wal und auch kein Pferd, sondern eine Robbenart. Das „Ross" im Namen des Tieres mit den langen oberen Eckzähnen geht vermutlich auf ein althochdeutsches Wort „rosamo" (Röte) zurück, denn Walrosse haben eine rötliche bis rotbraune Farbe.

Das ist ja nicht Meer auszuhalten!

Alleine 15 Prozent des weltweiten Ozeanplastiks werden direkt auf hoher See durch die Fischerei verursacht – in Form von Netzen, Auffangbehältern sowie Fässern und Kisten. Über Küstengebiete und Flüsse jedoch gelangt der Großteil des Plastikmülls in die Meere – und das sind etwa 85 Prozent.

Trauriger Spitzenreiter sind die Philippinen mit rund 37 Prozent Ozeanplastik. Danach folgen mit 13 Prozent Indien und mit jeweils 7 Prozent China und Malaysia. Weitere 36 Prozent verteilen sich auf den Rest der Welt.

Da wird ganz schön viel Druck gemacht

Kurzflügelkäfer können nur sehr schlecht fliegen – bislang wurden ungefähr 64.500 Arten von den kleinen Flitzern entdeckt und klassifiziert. Wenn diese Insekten vom Wind aufs Wasser geweht werden, gehen sie wegen der Oberflächenspannung nicht gleich unter – sie können sich mit einer Flüssigkeit aus dem Hinterleib wieder raketenartig an Land pupsen.

Übrigens ...

Delfine, Robben, Seehunde und Wale trinken nicht. Diese Meeressäuger beziehen ihre Flüssigkeit von den Fischen, die sie fressen.

Vegetarisch nur im Notfall

Maulwürfe leben vor allem von Engerlingen, Insektenlarven und Regenwürmern – vegetarisch essen sie nur in Notfällen. Seinen Namen hat der Maulwurf übrigens vom althochdeutschen „moltewurf". „Molte" bedeutet Erde. Das in einem selbst gegrabenen, unterirdischen Gangsystem lebende Säugetier wirft die Erde an der Oberfläche zu kleinen Hügeln auf.

Auf dem Holzweg

Die sogenannte Taiga ist die nördlichste Waldform der Erde mit Nadelbäumen – sie ist weltumspannend und diese Zone mit vorwiegend Koniferenwäldern erstreckt sich von Alaska nach Kanada über Skandinavien bis nach Sibirien.

In der Tundra hingegen wachsen keine Bäume; in dieser Kältesteppe können nur Flechten, Moose, Gräser und bodennahe Sträucher überleben. Es gibt eine arktische, eine alpine und eine antarktische Tundra.

Bitte nicht so viel spucken!

Auf der Erde gibt es aktuell rund 500 aktive Vulkane. Insgesamt waren etwa 2.000 Vulkane in den letzten 10.000 Jahren aktiv.

Schnick, Schnack, Schneck!

In nur einem von 10.000 Fällen kommt es vor, dass das Gehäuse von Weinbergschnecken eine Linksdrehung aufweist; normalerweise verläuft das Wachstum im Uhrzeigersinn. Besitzt nun eine Schnecke solch ein besonderes und sehr seltenes Haus, gebührt ihr der Titel Schneckenkönig.

Wer hat's erfunden?

Die Schöpfung ist einfach genial. Ob Schwimmflosse, Fahrradhelm oder Klettverschluss – viele Erfindungen der Natur hat sich der Mensch mit eigenen Produkten zu Nutze gemacht:

- Ein klassisches Beispiel ist die Schwimmflosse, mit der man mit relativ wenig Aufwand weite Strecken zügig zurücklegen kann. Die effektive Form und Funktion sowie die Elastizität hat man sich bei den Wasservögeln mit ihren flexiblen Schwimmhäuten abgeschaut.
- Die Pomelo ist eine Pampelmuse und wächst als zirka 25 cm große Frucht auf bis zu 15 Meter hohen Bäumen. Zwischen Frucht und Schale besitzt sie ein schwammartiges Gewebe, das aus vielen Hohlräumen besteht – dies wirkt beim Aufprall auf den Boden als Stoßdämpfer und die Früchte platzen dadurch nicht auf. Dieses Konstruktionsprinzip hat man auf Fahrradhelme übertragen, die dadurch einen entsprechend guten Kopfschutz bieten.
- Unser Klettverschluss ist ebenfalls von einer Pflanze inspiriert – der Klette. Als der Schweizer Ingenieur Georges de Mestral deren kleinen Samen untersuchte, die sich im Fell seines Hundes verfangen hatten, entdeckte er unter dem Mikroskop das Prinzip des Verhakens mithilfe von kleinen elastischen Widerhaken, die man ohne abzubrechen auch wieder lösen kann. Er baute aus Plastik zwei Flächen mit kleinen Schlaufen und Häkchen nach – der Klettverschluss war geboren.

Bitte Abstand halten!

Die vor Australien im warmen Pazifik lebende Seewespe (Chironex fleckeri) ist eine Würfelqualle mit einem bis 30 Zentimeter großen Körper – sie hat 24 Augen und insgesamt 60, je drei Meter lange Tentakel mit jeweils rund 1.000 giftgefüllten Nesselzellen. Sie ist das giftigste Tier der Welt und kann bis zu 260 Menschen auf einmal töten.

> *»Die Natur ist die beste Apotheke.«*
> Sebastian Kneipp
> (dt. Priester und Naturheilkundler, 1821–1897)

Woher hat der Oktober seinen Namen?

Der Name Oktober lässt sich vom lateinischen „octo" für acht ableiten, dem achten Monat der römischen Jahresordnung. Es war der achte Zyklus im römischen Kalender, der mit dem März als erstem Monat begann.

Übrigens ...

60 Prozent der weltweiten Wälder sind natürliche Wälder, 32 Prozent sind Urwälder und 8 Prozent sind künstlich angelegte Waldplantagen.

Reife Früchtchen ...

Ethylen bzw. Ethen ist ein Gas, das Obst reifen lässt. Bevor Früchte aus fernen Ländern importiert werden, werden diese vor Ort unreif geerntet und mit Ethylen begast, dann reifen sie während des Transports entsprechend nach und kommen so am Zielort meist schon direkt verzehrfertig an.

Das Lieblingsobst der Deutschen ist der Apfel – rund ein Viertel des gesamten Obstverzehrs von etwa 90 Kilogramm wird durch dieses knackige Kernobst gedeckt. Äpfel sind Früchte, die selbst Ethen ausgasen und deshalb sollte man sie zu Hause nicht zusammen mit anderen bereits reifen Früchten lagern. Sonst werden diese sehr schnell überreif und sind dann nicht mehr so lange haltbar. Also ... nur nicht veräppeln lassen!

Schon gewusst?

Das weibliche Schaf nennt man Aue oder Zibbe. Männliche Schafe werden als Bock oder Widder bezeichnet.

Ei der Daus!

Der gelbe Eidotter enthält tatsächlich viel mehr Eiweiß (Proteine) als das durchsichtige Eiklar. Der Dotter besteht aus 15 Prozent Proteinen, 33 Prozent Fett und 52 Prozent Wasser. Das Eiweiß enthält rund 10 Prozent Proteine und sogar 90 Prozent Wasser.

Aber bitte auf Sahne!

Weltweit gibt es rund 160.000 Arten von Schmetterlingen. „Schmetten" ist eine alte Bezeichnung für Sahne bzw. Rahm, denn man sagte früher, dass sich dieser kleine Falter gerne auf Töpfe mit Milchprodukten setzt. In einigen Gegenden heißen die Tiere umgangssprachlich auch Milchdieb, im englischen „butterfly" (Butterfliege).

Gemeinsam sind wir stark!

Flechten sind weder Pflanzen noch Pilze – sondern ein moosartiges Mischwesen zwischen Pilzen und Algen. Es ist eine Symbiose, bei der die Algen den Pilzen durch Photosynthese entsprechend Nahrung abgeben und die Pilze wiederum bieten der Alge Schutz vor zu starker Sonneneinstrahlung oder sonstigen schädlichen Umwelteinflüssen.

Hallo! Servus! Hai!

Der Sandtigerhai schluckt beim Auftauchen Luft und kann so mit diesem kleinen zusätzlichen Auftriebstrick optimal unter Wasser schweben. Die gesammelte Luft in seinem Magen erspart ihm viel Energie, die er sonst durch entsprechende Flossenbewegungen ausgleichen müsste. Also – nur nicht verschlucken!

Nix mit Stelzen

Die Bachstelze hat ihren Namen nicht davon, dass sie wie auf Stelzen geht – ihr Hauptmerkmal ist ihr besonders langer, wippender Schwanz. Die Bezeichnung Stelz leitet sich also direkt von „Sterz" (Schwanz) ab.

Und so weiter und so Fjord

An der Ostküste Grönlands befindet sich das größte Fjordsystem der Erde. Der „Kangertittivaq" (Inuit für „großer Fjord") hat eine Gesamtfläche von rund 40.000 Quadratkilometern – das ist so groß wie rund fünf Millionen Fußballfelder.

»An einem schönen Tag im Schatten zu sitzen und ins Grüne zu blicken, ist die beste aller Erquickungen.«

Jane Austen,
engl. Schriftstellerin (1775–1817)

Übrigens ...

Bei einer Blinddarmoperation wird der sogenannte Wurmfortsatz (Appendix) entfernt und nicht das eigentlich als Blinddarm bekannte blinde Ende des Dickdarms.

Zusammen sind wir weniger allein

Der wohl einsamste und abgelegenste Ort der Erde liegt mitten im südlichen Atlantik. Auf den Tristan-da-Cunha-Inseln leben rund 250 Menschen – von dort sind es rund 2.840 Kilometer bis nach Südafrika und zirka 3.250 Kilometer bis zum brasilianischen Festland.

Der nächstgelegene bewohnte Ort jedoch ist „nur" rund 2.430 Kilometer entfernt – die Insel St. Helena. Die Insel wurde 1506 vom Portugiesen Tristão da Cunha entdeckt und gehört seit 1816 zu Großbritannien.

»*Eine winzig kleine Blume von irgendeinem Wegrain, die Schale einer kleinen Muschel am Strand, die Feder eines Vogels – das alles verkündet dir, dass der Schöpfer ein Künstler ist.*«
Tertullian
(tunes. Kirchenschriftsteller, 160–240)

Ein gefundenes Fressen ...

Aasfresser wie der Kondor, der Marabu oder der Geier haben kahle und federlose Köpfe, damit sie besser in den Körper von Kadavern hineinkommen – und ohne Verhaken wieder heraus. Außerdem könnten sich beispielsweise an entsprechenden Federn Krankheitskeime festsetzen und vermehren und die Vögel dadurch schwächen oder sogar töten.

Schon gewusst?
Der Katzenhai legt viereckige Eier.

Farbe statt Wein

Das Rebhuhn wiederum hat überhaupt nichts mit Reben bzw. Weinreben zu tun; das „Reb" ist nämlich ein alter Begriff für scheckig oder braun. Der Name des Fasanenvogels leitet sich also von seiner dunkelbraunen Oberseite und seinem rötlich-braunen Schwanz ab – es ist ein braungescheckter Huhn.

Kurz mal die Luft anhalten

Im Durchschnitt produziert der Mensch täglich einen halben Liter Darmwinde, die nach hinten entweichen. Nur rund 28 Prozent aller Flatulenzen stammen von der Verdauung – die anderen 72 Prozent sind Luft, die wir beim Trinken und Essen schlucken. Das meiste Gas wird von der Darmwand aufgenommen, über die Blutbahn zur Lunge transportiert und mit der Atemluft ausgeschieden.

Pilzissimo!

Bislang wurden über eine Million Pilzarten auf der Erde entdeckt. Pilze sind die größten Lebewesen der Erde. Aus den USA ist der sogenannte „Dunkle Hallimasch" bekannt, er soll über 2.000 Jahre alt sein.

Seine kleinen, fadenähnlichen Strukturen sollen sich unterirdisch über rund 10 Quadratkilometer ausgedehnt haben – das ist die Größe von sage und schreibe 1.333 Fußballfeldern. Weltrekord!

Essen auf Flügeln

Wissenschaftler haben rund 1.800 essbare Insekten auf der Erde gezählt – in Anbetracht der Bevölkerungsexplosion und des nicht sicher gestellten Fleischbedarfs eine notwendige und gute Protein-Alternative.

Auge, bleib wachsam!

Ameisen können, wie alle Insekten, ihre Augen nicht schließen – sie schlafen nie. Aber sie suchen sich einen ruhigen Platz in ihrem Bau und entspannen dann regungslos.

Flossen hoch!

Nach wissenschaftlichem Verständnis sind Wale keine Fische, sondern im Wasser lebende Säugetiere. Es gibt ungefähr 90 verschiedene Arten. In der Regel wird immer nur ein Junges geboren, weil die Walmutter nicht genügend Milch für mehrere Neugeborene aufbringen kann. Weil Wale keine Lippen zum Saugen haben, spritzt das Weibchen mithilfe der Muskulatur der Milchdrüsen die sehr fettreiche Nahrung aktiv ins Maul des Nachwuchses. Direkt nach der Geburt wird das Jungtier umgehend zum ersten Atemzug an die Wasseroberfläche gebracht.

Die Brustflossen der Wale werden „Flipper" genannt, die Flosse am Rücken heißt „Finne" und die große Schwanzflosse „Fluke". Eine Gruppe von mehreren Walen ist eine Schule.

Schon gewusst?

Die Zunge des Chamäleons ist fast doppelt so lang wie sein Körper.

Das geht alles den Bach runter!

Der Wasserfall mit der größten Fallhöhe ist der „Angelfall" in Venezuela mit 978 Metern. Dahinter folgen der „Tugelafall" in Südafrika (948 m), die „Yosemitefälle" in Kalifornien, USA (740 m) und der „Langfoss" in Norwegen (612 m). Der „Rheinfall" in der Schweiz ist mit seinen nur 19 Metern im Vergleich dazu winzig.

Übrigens ...

Küstenseeschwalben sind hervorragende Flieger; sie pendeln zwischen Nord- und Südpol und reisen pro Jahr im Schnitt 80.000 Kilometer – das ist eine Strecke von insgesamt zweimal rund um die Erde.

Überlebenskünstler

Eine Kängururatte kann 4 Jahre ohne Wasser überleben,
ein Krokodil 3 Monate,
ein Kamel 50 Tage,
eine Giraffe 14 Tage
und der Mensch 3 Tage.

»Beim Betrachten der Natur
werden die Gefühle geboren.«

aus Japan

Der kann sich was vorwerfen ...

Eukalyptusbäume wachsen in den tropischen und subtropischen Gebieten der Welt. Viele Arten geben ölige Substanzen in den Boden ab und dadurch wird natürlich die Gefahr eines Waldbrandes nicht gerade geringer. Im Gegenteil, der immergrüne Laubbaum liebt das Spiel mit dem Feuer. Der Eukalyptus wirft sogar hin und wieder ganz aktiv große Äste ab – so kommen nämlich die Flammen noch näher an den Stamm heran. Die große Hitze des Feuers hilft dabei Parasiten abzutöten und sorgt vor allem dafür, dass die am Boden liegenden Samenschalen des Eukalyptus aufplatzen und neu austreiben können. Der Eukalyptus ist ein Fortpflanzungspfiffikus und Überlebenskünstler.

Funfact: In Italien und Nordafrika hat man früher Eukalyptusbäume wegen ihres hohen Wasserbedarfs zum Austrocknen von Sümpfen angepflanzt.

Hallo, Nachbar!

Gleich zwei Länder teilen sich den Rekord mit den weltweit meisten Nachbarstaaten. Sowohl China als auch Russland haben jeweils 14 direkte Nachbarn.

Bei China sind es: Korea, Russland, Mongolei, Kasachstan, Kirgisistan, Tadschikistan, Afghanistan, Pakistan, Indien, Nepal, Bhutan, Myanmar, Laos und Vietnam.

Und die russischen Nachbarn heißen: Nordkorea, China, Mongolei, Kasachstan, Aserbaidschan, Georgien, Ukraine, Weißrussland, Finnland, Norwegen, Estland, Lettland, Litauen, Polen. Also – seid nett zueinander!

Halt die Klappe!

Die größte Klappe der Vogelwelt hat der Brillenpelikan. Das in Australien lebende Tier hat eine Schnabellänge von 50 Zentimetern. Der Rekord des größten Schnabels relativ zur Körpergröße hält der südamerikanische Schwertschnabelkolibri – seine Körperlänge beträgt 25 Zentimeter und der Schnabel ist 10 Zentimeter lang.

Nur nicht aus der Reihe fallen!

In Alaska gibt es sogenannte „betrunkene Wälder". Wenn für kurze Zeit der tiefgefrorene Boden auftaut und sich kleine Bäche bilden, finden die Bäume in dem dann morastigen Untergrund nicht mehr den gewohnten Halt – sie neigen sich seitlich und sehen aus, als ob sie schwanken würden.

Schon gewusst?
Der Mensch verliert täglich etwa 80 Haare.

Das geht mir auf die Nuss ...

Erdnüsse sind keine Nüsse, sondern Bohnen. Nüsse haben harte Schalen, Erdnüsse jedoch schützen ihre Samen durch eine ledrig-elastische Hülse – sie gehören somit wie Erbsen zu den Hülsenfrüchten.

Die kommen alle in den Bau!

Der Biber zählt zu den bekanntesten Baumeistern des Tierreichs – in nur zehn Minuten hat ein Biber einen kleinen Baum gefällt. Manche Biberdämme sind über 100 Meter lang und zwei Meter hoch. Die Nager verflechten Stämme und Äste miteinander und dichten die Zwischenräume mit Steinen und Schlamm ab; Lecks werden umgehend repariert, damit das Wasser nicht größeren Schaden anrichten kann.

Der Eingang zur Biberburg liegt unter Wasser – unsichtbar für Feinde und tief genug, damit er im Winter nicht zufriert. Der Schwanz des Bibers hilft nicht nur beim Schwimmen; die sogenannte Kelle dient auch zum Sitzen, ist ein kleiner Fettspeicher und dient durch Klatschen auf die Wasseroberfläche als Warnsignal für Artgenossen – ein echtes Multifunktionsorgan.

Für die kalte Jahreszeit legt sich Deutschlands größtes Nagetier im Wasser einen Vorrat an Ästen an, deren Blätter und Rinde sie dann bei Bedarf verzehren. Ein idealer Unterwasserkühlschrank!

„Die Welt ist mit so vielen Dingen gefüllt,
dass wir alle glücklich wie Könige sein sollten."
Robert Louis Stevenson
(schott. Schriftsteller, 1850–1894)

Ski und Sandeln gut

Die Sahara ist eine riesengroße Steinwüste – der Sand bedeckt insgesamt nur rund ein Fünftel ihrer Fläche. Im 2.500 Kilometer langen und bis über 4.000 Meter hohen Atlasgebirge im Nordwesten Afrikas ist sogar Wintersport möglich – es gibt dort in Marokko hervorragende Ski- und Snowboardpisten, etliche Gebiete mit sehr schönen und interessanten Abfahrten.

Schon gewusst?

Der Rhinozeroskäfer gilt als das stärkste Tier der Welt – er kann das über 800-fache seines eigenen Körpergewichts tragen.

Oh, meine Nerven!

Das Nervensystem des Menschen besteht aus drei Bereichen: dem zentralen Nervensystem mit Gehirn und Rückenmark (Informationsverarbeitung inklusive Sensorik und Motorik), dem peripheren Nervensystem mit allen Nerven, die eine Verbindung schaffen zwischen Hirn/Rückenmark und der Körperperipherie (Muskeln, Sinnesorgane), sowie dem vegetativen Nervensystem, das u. a. die lebenswichtigen Vitalfunktionen wie Atmung, Herzschlag, Stoffwechsel und Verdauung autonom steuert.

Wenn man alle einzelnen Nerven aneinanderreiht, käme man auf eine Gesamtlänge von über 750.000 Kilometern – also einmal von der Erde zum Mond und wieder zurück.

Woher hat der November seinen Namen?

Der November hat seinen Namen vom lateinischen „novem" für neun, denn er war der neunte Zyklus im römischen Kalender.

Vitaminissimo!

Das meiste Vitamin C von allen Früchten enthält die Hagebutte mit 1.250 Milligramm pro 100 Gramm. Danach folgt Sanddorn (450) und die Schwarze Johannisbeere (189). Apfelsinen (50) und Zitronen (53) liegen im Mittelfeld. Am schwächsten schneidet die Birne ab mit nur 5 Milligramm pro 100 Gramm.

Übrigens ...

Der Mensch besteht aus 65 Prozent Sauerstoff, 18 Prozent Kohlenstoff, 10 Prozent Wasserstoff, 3 Prozent Stickstoff, 1,5 Prozent Kalzium, 1,3 Prozent Phosphor und 1,2 Prozent andere Elemente.

Alle, Achtung!

Die giftigste Pflanze der Welt ist der Manchinelbaum. Dieses Wolfsmilchsgewächs wird in Südamerika auch „Manzanilla de la muerte" genannt – und bedeutet übersetzt: Äpfelchen des Todes. Der Kontakt zum Holz und zum Milchsaft kann direkt zum Erblinden führen, der Kontakt mit den Früchten zum Tod.

Schon gewusst?

In einem Quadratmeter Waldboden sind bis zu 175 Liter Wasser gespeichert.

Eine einzige Zigarettenkippe kann bis zu 1.000 Liter Wasser mit Nikotin verunreinigen und schadet unmittelbar dem Pflanzenwachstum.

Wer hat den Längsten?

Die Chinesische Mauer ist nicht die längste Grenzbefestigung der Welt – sie ist 2.000 Kilometer kürzer als der 5.550 Kilometer lange „Große Australische Hundezaun" im Südosten Australiens. Er trennt das sogenannte Dingoland mit seinen wilden Hunden vom Schafland mit seinen rund 70 Millionen Tieren.

Gemischtes Doppel

Wenn die Zwillingsgeburt einer Kuh aus einem weiblichen und einem männlichen Kalb besteht, geht die Fruchtbarkeit fast immer auf das männliche Kalb über. Das weibliche Kalb ist unfruchtbar – es wird „Zwicke" genannt.

Übrigens ...

Eichen werden rund 30 Meter hoch, Buchen 40 Meter, Eschen 45 Meter. Douglasien können bis zu 100 Meter hoch wachsen. Der Küstenmammutbaum hält den Rekord mit rund 115 Metern.

Krabbehattedudennda?

Mit einer Beinspannweite von fast vier Metern ist die „Japanische Riesenkrabbe" die größte lebende Krebsart der Welt – und somit die größte Spezies aller Gliederfüßler. Sie ist ein Beispiel für den sogenannten Tiefseegigantismus, also der Ansicht, dass Tiere der Tiefsee besonders groß werden. Diese menschengroßen Krebse leben rund um die japanischen Inseln im Pazifik in einer Meerestiefe von 300 bis 500 Metern. Um sich vor Tintenfischen zu verstecken, legen sich diese Allesfresser große Schwämme und andere Meerestiere auf ihren Rücken. „Japanische Riesenkrabben" können bis zu 100 Jahre alt werden.

Immer zehntausend Handbreit Wasser unterm Kiel

Der Pazifik hat mit rund 11.035 Metern die größte Meerestiefe, danach folgen der Atlantik mit 9.221 Metern und der Indische Ozean mit 7.450 Metern. Im Mittelfeld liegt das Mittelmeer mit 5.121 Metern. Das Rote Meer ist immerhin noch 2.212 Meter tief und in der Nordsee geht es bis zu 665 Meter hinunter.

Schon gewusst?

Die Höcker von Kamelen sind keine Wasserspeicher, sondern dort haben diese Tiere ihre entsprechenden Fettreserven.

Geburtstag

„Ist jemand in Christus, so ist er eine neue Kreatur; das Alte ist vergangen, siehe, Neues ist geworden."[22]   2. Korinther 5,17

Der größte See

Der größte See der Welt ist das Kaspische Meer – mit einer Fläche von rund 372.000 Quadratkilometern ist das Binnengewässer ungefähr so groß wie Japan.

Rechtsdrehend oder linksdrehend?

Eulen müssen ihren Kopf drehen, weil sie keine Augäpfel wie wir Menschen haben, sondern sogenannte Augenröhren. Diese stabförmigen bzw. zylinderartigen Gebilde sind starr und können sich nicht in den Augenhöhlen drehen und bewegen. Deshalb heißt es: Kopf hoch und Augen geradeaus!

Bester Buddy!

Unser Körper besteht aus etwa 70 Billionen Zellen. Diese müssen alle perfekt zusammenarbeiten, damit der Körper gesund bleibt. Zellen, die dieselben Aufgaben erfüllen und ähnlich aufgebaut sind, bilden größere Zellverbände – die Gewebe. Unterschiedliche Gewebe sind zu höheren Funktionseinheiten zusammengeschlossen – den Organen. Der Mensch hat insgesamt 79 Organe, aber nur sieben davon sind wirklich lebenswichtig: Herz, Gehirn, Leber, Lunge, Nieren und die Haut.

Andere Organe könnten sogar entfernt werden, ohne dass dies gravierende Auswirkungen auf die Funktionsweise des Körpers hat. Beste Beispiele hierfür sind die Milz, die Gallenblase, der Blinddarm, der Dickdarm, der Magen, Hoden und Eierstöcke oder die Gebärmutter. Selbst mit nur einer Niere oder Lunge, mit nur einem Viertel der Leber und sogar mit einem halben Gehirn können Menschen leben.

Es kreucht und fleucht überall

Rund 80 Prozent aller heute lebenden Tierarten sind sogenannte Gliederfüßler – also wirbellose Tiere. Es gibt davon rund eine Million Insektenarten, 100.000 Spinnenarten und zirka 50.000 Krebsarten.

*»Die größte Sehenswürdigkeit ist die Welt –
sieh sie dir an!«*
Kurt Tucholsky
(dt. Schriftsteller, 1890–1935)

Das schlaucht!

Das zweitgrößte Organ des Menschen, nach der Haut, ist der bis zu acht Meter lange Darmtrakt mit Dünndarm, Dickdarm und Mastdarm. Durch seine zahlreichen Zotten, die Ausstülpungen der Darmschleimhaut, kommt er auf eine Oberfläche von geschätzten 300 Quadratmetern – das ist ungefähr so groß wie eine Doppelgarage.

Der Darm dient der Verdauung, der Regulation des Wasserhaushalts, er produziert Abwehrzellen des Immunsystems sowie Hormone und Botenstoffe.

Stinkt, schmeckt und ist gesund ...

Knoblauch ist als Gewürzpflanze nicht aus unserer Küche wegzudenken – weltweit gibt es um die 330 verschiedene Sorten. Er gehört zu den am längsten kultiviertesten Pflanzen; schon 4.000 vor Christus soll man Knoblauch angepflanzt haben. Eine einzelne Knoblauchzehe hat übrigens nur vier Kalorien.

Schon die alten Griechen waren echte Fans. Anstatt eines Brautstraußes traten die Frauen zu jener Zeit mit einem Bund Knoblauch sowie anderen Kräutern vor den Traualtar. Und Knoblauch verfeinert nicht nur Gerichte, sondern ist auch gesund. Als Heilpflanze wird ihm lindernde Wirkung bei allerlei Grippe, Herz-Kreislauf-Problemen und anderen Erkrankungen nachgesagt.

„Chicagaoua" ist übrigens der indianische Begriff für „Wilden Knoblauch" – nach der würzigen Pflanze wurde einst die Stadt Chicago benannt.

Schon gewusst?

Äpfel, Aprikosen, Birnen, Brombeeren, Kirschen, Nektarinen, Pfirsiche, Pflaumen und Quitten gehören zur Familie der Rosengewächse.

Heavy Metal

Blei ist nicht das schwerste Metall – es wiegt pro Kubikzentimeter 11,34 Gramm. Noch schwerer sind beispielsweise Quecksilber (13,55), Uran (18,97) oder Gold (19,32). Am schwersten mit 22,65 Gramm pro Kubikzentimeter ist Iridium.

Fischers Fritz fischt frische Fische

Laternenfische gehören zu den häufigsten Fischen der Ozeane – sie sind täglich vertikal auf Wanderschaft. Tagsüber schwimmen sie in 300 bis 1.500 Metern Tiefe, aber in der Nacht kommen sie hoch, ganz nahe an die Meeresoberfläche.

Dank der vielen kleinen Leuchtkörper (Photophoren), die sich entlang ihres Körpers befinden, strahlen sie gelbes, grünes oder auch blaues Licht aus. Ein unglaubliches Schauspiel, das die Natur hier zu bieten hat. Auf und nieder, immer wieder!

Schon gewusst?

Hochrechnungen zufolge leben zum Jahr 2050 neun Milliarden Menschen auf der Erde.

Woher hat der Dezember seinen Namen?

Der Name Dezember stammt vom lateinischen Wort „decem" für zehn. Es war der zehnte Zyklus im römischen Kalender, der mit dem März als erstem Monat begann.

Klein, aber oho!

Pilze sind neben Menschen, Tieren und Pflanzen eine ganz eigene Gattung. Sie sind wie Pflanzen sesshaft, können aber nicht wie diese Energie aus Sonnenlicht gewinnen – können also keine Photosynthese betreiben –, sondern müssen sich wie die Menschen und Tiere von fremder Biomasse ernähren.

Mietnomaden

Einige kleine Tiere bauen sich nicht selbst Behausungen, sondern übernehmen gebrauchte Häuser von anderen Tieren. Dies spart den neuen Bewohnern viel Kraft und Zeit.

Die Erbsenkrabbe zieht sogar ein, wenn der ursprüngliche Besitzer noch im Haus lebt. Diese nur zwei Zentimeter große Krabbe lebt innerhalb der Schalen lebender Austern oder anderer Muscheln. Diese seihen mit ihren Kiemen Nahrungsteilchen aus dem Wasser – die winzige Erbsenkrabbe sitzt in Kiemennähe und zweigt sich davon ganz frech ihr Futter ab. Plankton-Diebstahl par excellence! Unter Plankton versteht man übrigens sowohl mikroskopisch kleine, im Wasser schwebende Pflanzen und Pflanzenteile als auch Tiere.

»Wenn wir über die Natur gesiegt haben,
werden wir uns auf der Verliererseite wiederfinden.«
Konrad Lorenz
(österr. Zoologe und Verhaltensforscher, 1903–1989)

Ein Weltwunder der Natur

Das rund 350.000 Quadratmeter große Great Barrier Reef vor der Ostküste von Queensland in Australien ist das größte System von Korallenriffen und Koralleninseln der Welt – mit mehr als 1.500 Fischarten und über 400 verschiedenen Korallenarten. Es wurde 1981 von der UNESCO zum Weltnaturerbe erklärt.

Frei nach Schnauze!

Trüffel enthalten Androstenol und riechen somit genauso wie der vom paarungsbereiten Eber in der Brunft aufgeschäumte Speichel – ein starkes Lockmittel für Schweine. Deshalb werden Schweine gerne zur Trüffeljagd eingesetzt, denn sie sind ganz fixiert auf diesen Geruch.

>*»Man sollte doch glauben, dass die Berührung mit der Natur, diesem unmittelbaren Ausdruck der Schönheit und Güte, alles Böse im menschlichen Herzen verschwinden lassen müsse.«*
>
>Leo Tolstoi
>(russ. Schriftsteller, 1828–1910)

Einfach krakenhaft!

Kraken sind achtarmige Tintenfische – sie haben neun Gehirne und drei Herzen. Sie gelten als sehr neugierig und lernfähig und sind die intelligentesten Weichtiere. Ein Weibchen kann bis zu 500.000 Eier produzieren. Männliche Kraken sterben bereits kurz nach der Paarung, die Weibchen kurz nach dem Schlupf der Jungtiere.

Eins, zwei oder drei ... Klappe zu ... vorbei!

Wie Forscher bei Experimenten festgestellt haben, beherrscht die Venusfliegenfalle das einfache Zählen – die fleischfressende Pflanze kann sich nämlich die Anzahl der Beutekontakte merken und aufgrund dessen entsprechend reagieren. Ihre zwei duftenden roten Fangteller ähneln sowohl geruchlich als auch optisch nektarreichen Blüten. Dies lockt Insekten an, die sich auf eines der getarnten Fangblätter setzen.

Aus der Zahl der Bewegungen ermittelt die Venusfliegenfalle, wie sie sich verhalten muss. Der erste Kontakt auf den vorhandenen Sinneshaaren löst noch keine Reaktion aus, denn es könnte sich ja um einen Fehlalarm handeln. Erst beim zweiten Reiz klappt die Falle blitzschnell zu und die Zähne am Blattrand verhindern jedes Entkommen. Erst nach weiteren Berührungen aktiviert die Venusfliegenfalle ihre Enzyme und beginnt mit der Verdauung. Ein ziemlich schlauer Schnapper!

18 Monate waren eine Haydn-Arbeit!

Johannes Haydn komponierte sein weltberühmtes Oratorium „Die Schöpfung" vom Oktober 1796 bis zum April 1798 – es handelt von der Erschaffung der Welt, wie es in der Genesis beschrieben wird. Die Uraufführung fand am 19. März 1799 im alten Wiener Burgtheater statt und war ein großer Erfolg; der 66-jährige Haydn brachte 60 Sänger und 120 Instrumentalisten zum Einsatz. Die drei Solisten erzählen als Erzengel Gabriel (Sopran), Raphael (Bass) und Uriel (Tenor) die sechs Tage der Schöpfung, dazu kommen noch Adam (Bass) und Eva (Sopran).

Der Erlös vieler Aufführungen diente oft wohltätigen Zwecken und wurde beispielsweise für die Altersversorgung von Musikern oder auch für die finanzielle Unterstützung von Witwen und Waisen verwendet.

Haydn sagte später einmal: „Ich war auch nie so fromm, als während der Zeit, da ich an der Schöpfung arbeitete; täglich fiel ich auf meine Knie nieder und bat Gott, dass er mir Kraft zur glücklichen Ausführung dieses Werkes verleihen möchte."

»Die Natur allein ist unendlich reich,
und sie allein bildet den großen Künstler.«
Johann Wolfgang von Goethe
(dt. Dichter und Naturforscher, 1749–1832)

Übrigens ...

Wildschweine suhlen sich gerne in Dreck und Matsch, nicht nur, um sich vor Insekten und vor Verletzungen zu schützen – sondern auch vor Sonnenbrand.

Baust du noch oder wohnst du schon?

Viele Tiere bauen kunstvolle Heime und Horte, um sich und ihre Jungen vor Räubern, Wind und Wetter zu schützen. Baumaterialien liefert die Natur – Grashalme, Zweige und Lehm, aber auch der eigene Körper, beispielsweise Bienenwachs oder Seide. Manche Tiere ziehen in verlassene Behausungen ein oder wohnen als Untermieter; einige bilden große Staaten oder Kolonien, andere leben ganz allein.

Man sagt, die Chinesen hätten sich die Papierherstellung von den Wespen abgeschaut. Wespen können in ihrem Körper kein Wachs zum Wabenbau herstellen. Sie raspeln zum Nestbau Holzfasern von Ästen oder Stämmen ab und vermischen diese mit Speichel zu einem feuchten Papierbrei, der sich gut formen lässt. Wenn die Masse trocknet, wird sie so hart, dass sie auch bei Regen nicht aufweicht.

Weberameisen bauen Nester aus Blättern, die sie erst zu einer Art Ball zusammenbiegen und dann mit der Seide ihrer Larven verkleben – wenn sie diese entsprechend drücken, wird die Seide ausgeschieden. Wenn die Larven sich verpuppen, bauen sie keine eigenen Kokons, denn das Nest dient als einziger riesiger Kokon für alle.

Geht nicht, gibt's nicht!

Meerestiere schützen sich auf unterschiedliche Art und Weise vor Fressfeinden – ob geschickt getarnt, in Verstecken oder inmitten von riesigen Schwärmen. Einige Tiere jedoch nehmen harte Arbeit auf sich und bohren sich ihre Wohnung in den Fels:

- Der Steinseeigel ist ein kleiner Steinmetz, denn er höhlt das Gestein mit seinen kräftigen Stacheln aus und nagt mit seinen Zähnen an ihm, bis sein Körper darin einen sicheren Halt und Unterschlupf findet.

- Ein besonders „harter Kerl" ist die sogenannte Bohrmuschel, sie benutzt zum Bohren ihre beiden Schalenhälften und treibt so einen kleinen Gang ins Gestein. Im Fels verborgen lebt sie dann sehr sicher – Nahrung saugt sie über ihre Siphonen (griech. *siphon* = Leitung, Röhre, Spritzer) ein, röhrenförmige Organe, die auch zur Einleitung von Atemwasser dienen.
Manche haben eben den Stein der Weisen gefunden ...

Schon gewusst?

In Deutschland gibt es rund 90 Milliarden Bäume.

154

Haben Pflanzen eine Galle?

Unter der sogenannten Pflanzengalle versteht man Wucherungen an Pflanzen, die durch Bakterien, Pilze, Fadenwürmer, Milben oder Insekten hervorgerufen werden. Die Pflanze grenzt durch abnormales Wachstum und eine Art Abschnürung den Eindringling von der übrigen Pflanze ab und bildet kugelförmige Geschwulste, in denen der Erreger Schutz und Nahrung findet – und dadurch in dem abgeschlossenen Bereich bleibt, wo er ist, und nicht die gesamte Pflanze schädigt. Bei uns sind vor allem „Gallwespen" für ihren Befall von Eichenblättern bekannt. Neben „Blattgallen" gibt es auch „Filzgallen", „Beutelgallen" und „Markgallen" (die nach innen wuchern).

„Hexenbesen" sind buschige Verzweigungen in den Kronen von Tannen, Eschen, Lärchen und Kirschbäumen als Reaktion auf entsprechende Parasiten und Pilze, mit denen ein Wirtsverhältnis eingegangen wird. Bei Birken werden Wuchsstörungen verursacht, in dem an den Befallstellen zahlreiche Zweige mit schlafenden Knospen ausgebildet werden, die sich zu dichten kugeligen Gebilden ausformen – sie ähneln den alten Besen, wie man sie früher mit dünnen Birkenzweigen und einem Stecken gemacht hat. Zu den sogenannten Hexenbesen zählen vielerorts auch die Misteln.

Einfach Hair-lich!

Schmetterlinge haben bis zu 100.000-mal so viele Haare wie der menschliche Kopf – also insgesamt rund zehn Milliarden. Sie dienen vor allem zur Wärmeisolation, auf den Fühlern aber auch zur Sinneswahrnehmung.

Alles nur heiße Luft ...

Der Mensch pupst durchschnittlich zehnmal am Tag und entledigt sich dadurch von bis zu einem Liter Verdauungsgasen, die vor allem aus Stickstoff und Kohlendioxid bestehen.

Einer der Vielfurzer im Tierreich ist das Nashorn. Es gehört neben Pferden und Elefanten zu den sogenannten Enddarmfermentierern – die Nahrung wird nämlich erst ganz am Ende des Verdauungstraktes im Dickdarm zersetzt; diese Flatulenzen stinken fürchterlich.

Faultiere sind übrigens die einzigen Säugetiere, die nicht pupsen. Das durch die Verdauung entstehende Methan gelangt über den Darm in den Blutkreislauf und schließlich wird alles über die Lunge durch den Mund ausgeatmet. Entsprechender Mundgeruch inklusive. Aber auch Vögel können hinten keine Flatulenzen entweichen lassen, denn sie haben im Darm überhaupt keine Gas-produzierenden Bakterien.

Da bleibt nicht die Spucke weg

Eineinhalb Liter Speichel produziert der Mensch pro Tag – das sind im Laufe des Lebens insgesamt sieben volle 25-Meter-Schwimmbecken.

» Willst du wissen, was Schönheit ist,
so gehe hinaus in die Natur, dort findest du sie.«
Albrecht Dürer
(dt. Maler, 1471–1528)

Entschuldigung, Sie haben Schuppen ...

Schuppen dienen Schlangen nicht nur als Schutz, sie geben ihr auch beim Kriechen guten Halt. Alle Vögel haben Schuppen an den Beinen – der Strauß hat an der Beinvorderseite besonders dicke; sie schützen die Beine, wenn er durch Dornengestrüpp läuft.

Die Schuppen der Fische begünstigen die Beweglichkeit und die Strömungseigenschaften und dienen dem Schutz der Haut. Es sind kleine Knochenplatten, die auf der Oberfläche sitzen – sie schützen vor Bissen, bilden eine wirksame Barriere gegen Krankheitserreger und verhindern, dass sich Parasiten dort festsetzen können.

Das Silberfischchen ist ein Insekt, das vollständig mit glänzenden Wachsschuppen bedeckt ist. Manchmal rettet es sein Leben, indem es einen Teil seines Panzers abwirft. Dem Feind bleibt dann nur ein ganzes Maul voll Schuppen.

Und wenn man zum Flusswels sagen würde: „Ich wusste gar nicht, dass du Schuppen hast", könnte dieser antworten: „Schuppen? Hab' ich auch nicht!" Denn er ist einer der wenigen Fische, bei dem das tatsächlich stimmt – seine Haut ist durch eine besonders dicke und zähe Schleimschicht geschützt.

Da fliegt 'ne Kuh!

In den tropischen Regenwäldern des Amazonasbeckens lebt einer der bizarrsten Vögel der Welt – der Hoatzin. Wie Kühe, Schafe und Ziegen ist er ein Wiederkäuer, er verdaut seine Nahrung durch bakterielle Gärung; seine Nahrung besteht fast ausschließlich aus Blättern. Der Hoatzin ist der einzige Vogel, der anstatt eines Magens mithilfe der als Pansen bezeichnete Säcke im Darm das Essen fermentiert. Da dieser Verdauungsprozess bis zu zwei Tagen dauert, ist er oft nicht in der Lage zu fliegen und bewegt sich die meiste Zeit laut rufend, träge und unbeholfen durch das Laub. Da sein Kropf mit gärenden Blättern verstopft ist, stößt er einen üblen Geruch aus und wird deshalb auch Stinkvogel genannt.

Die Nester für den Nachwuchs werden direkt am Ufer über dem Wasser gebaut; nähert sich ein Feind, lassen sich die schwimmfähigen Hoatzin-Küken ins Wasser fallen, verstecken sich und klettern dann mithilfe von zwei kleinen Krallen am Flügelende wie ein Freeclimber wieder zurück ins Nest. Ein ganz schön schräger Vogel!

Eieiei

Im Mittelmeer lebt direkt unter der Wasseroberfläche eine tellergroße Qualle, die aussieht, als sei sie gerade in der Küche aus der Pfanne gehüpft: die Spiegeleiqualle. Sie hat eine Art gelbes Dotter in der Mitte und drum herum einen weißlichen Schirm mit einem Durchmesser von rund 30 Zentimetern. Im Gegensatz zu anderen Quallen können sie sich selbstständig fortbewegen und sind nicht auf Strömungen angewiesen. Sie werden nur sechs Monate alt.

Fragen über Fragen an die Zukunft

Im Jahr 2050 leben rund 10 Milliarden Menschen auf der Erde. Wie geht es weiter mit dem Klimawandel – und wie verhält sich der Mensch? Welche ökologischen Krisen sind unausweichlich, welche vermeidbar? Was haben wir für Antworten auf die Ausbeutung der Ressourcen und auf die Vermüllung der Erde und der Meere? Das bisher hergestellte Plastik würde reichen, um die Erde sieben Mal in Plastikfolie einzuwickeln. Wie lösen wir die Themen Tierethik und artgerechte Tierhaltung?

Wie gehen wir zukünftig mit der Nahrung um und was ist sie uns wert? Vor allem die steigende Fleischnachfrage stellt ein großes Problem dar. Neue Wege sind gefragt. Neben Getreide, Fleisch, Gemüse und Obst werden Maden und Insekten, gezüchtete Lebensmittel aus dem Labor, Algenfarmen unter Wasser und Nahrungsergänzungsmittel aller Art immer wichtiger und immer notwendiger.

Wie ist die Haltung zu genmanipulierten Lebensmitteln? Sehen wir Wasser als Ware oder als Menschenrecht – und wie kann der Zugang zu diesem lebenswichtigen Element garantiert bleiben? Wie kann man Tieren und Pflanzen verlorenen Lebensraum zurückgeben oder bestehendes erhalten? Wie kann die Energieversorgung noch grüner werden und wann sind die fossilen Brennstoffe zu Ende? Was werden wir mit Robotern, mit künstlicher Intelligenz gewinnen, was verlieren? Wo sind Chancen, wo Grenzen? Wie übergeben wir den nächsten Generationen die Schöpfung?

Endnoten

1   Die Bibel nach Martin Luthers Übersetzung, revidiert 2017, © 2016 Deutsche Bibelgesellschaft, Stuttgart. (LU)
2   LU
3   Statista: Anzahl der betriebsfähigen Reaktoren in Kernkraftwerken weltweit nach Ländern im Januar 2024, *https://de.statista.com/statistik/daten/studie/152153/umfrage/anzahl-der-sich-in-betrieb-befindenden-atomkraftwerke-weltweit/*
4   Bibeltext der Neuen Genfer Übersetzung, © Neues Testament und Psalmen: Genfer Bibelgesellschaft Romanel-sur-Lausanne, Schweiz. (NGÜ)
5   NGÜ
6   NGÜ
7   Einheitsübersetzung der Heiligen Schrift, © 2016 Katholische Bibelanstalt GmbH, Stuttgart. Alle Rechte vorbehalten. (EÜ)
8   EÜ
9   EÜ
10 LU
11 Statista: 2/3 aller Kohlekraftwerke stehen in China, Indien und den USA, *https://de.statista.com/infografik/22439/anzahl-der-aktiven-kohlekraftwerke-weltweit/*
12 LU
13 EÜ
14 LU
15 LU
16 NGÜ
17 LU
18 NGÜ
19 LU
20 EÜ Hos 14,9
21 NGÜ
22 LU

Der Verlag weist ausdrücklich darauf hin, dass bei Links im Buch zum Zeitpunkt der Linksetzung keine illegalen Inhalte auf den verlinkten Seiten erkennbar waren. Auf die aktuelle und zukünftige Gestaltung, die Inhalte oder die Urheberschaft der verlinkten Seiten hat der Verlag keinerlei Einfluss. Deshalb distanziert sich der Verlag hiermit ausdrücklich von allen Inhalten der verlinkten Seiten, die nach der Linksetzung verändert wurden, und übernimmt für diese keine Haftung. Alle Internetlinks zuletzt abgerufen am 11.07.2024.